Uma vida marcada
pela EDUCAÇÃO

EDITORA AFILIADA

Conselho Editorial de Educação
José Cerchi Fusari
Marcos Antonio Lorieri
Marcos Cezar de Freitas
Pedro Goergen
Terezinha Azerêdo Rios
Valdemar Sguissardi
Vitor Henrique Paro

Dados Internacionais de Catalogação na Publicação (CIP)
(Câmara Brasileira do Livro, SP, Brasil)

Freire, Fátima
    Uma vida marcada pela educação / Fátima Freire ; organização
Deise Luppi, Sonia Villaboim. – 1. ed. – São Paulo, SP : Cortez Editora,
2023.

    ISBN 978-65-5555-382-6

    1. Educação - Filosofia 2. Educadores 3. Freire, Paulo, 1921-1997 I.
Luppi, Deise. II. Villaboim, Sonia. III. Título.

23-153479   CDD-370.1

Índices para catálogo sistemático:

1. Educação : Filosofia 370.1

Tábata Alves da Silva - Bibliotecária - CRB-8/9253

FÁTIMA FREIRE

Sonia Villaboim
Deise Luppi (Orgs.)

Uma vida marcada pela EDUCAÇÃO

São Paulo – SP
2023

UMA VIDA MARCADA PELA EDUCAÇÃO | Fátima Freire
Deise Luppi e Sonia Villaboim (Orgs.)

Direção Editorial: Miriam Cortez
Coordenação editorial: Danilo A. Q. Morales
Assistente editorial: Gabriela Orlando Zeppone
Preparação de originais: Gabriel Maretti
Revisão: Ana Paula Luccisano
　　　　 Tuca Dantas
Diagramação: Linea Editora
Arte de capa: Fátima Freire
Design de capa: de Sign Arte Visual com projeto de Alexandre Dowbor

Nenhuma parte desta obra pode ser reproduzida ou duplicada
sem autorização expressa da autora e do editor.

© 2023 by autora

Direitos para esta edição
CORTEZ EDITORA
R. Monte Alegre, 1074 – Perdizes
05014-001 – São Paulo-SP
Tel.: +55 11 3864 0111
editorial@cortezeditora.com.br
www.cortezeditora.com.br

Impresso no Brasil — maio de 2023

Aos homens da minha vida:

Ao meu pai, que me fez filha.

Ao pai de meus filhos, que me fez mãe.

Aos meus filhos, que me fizeram avó.

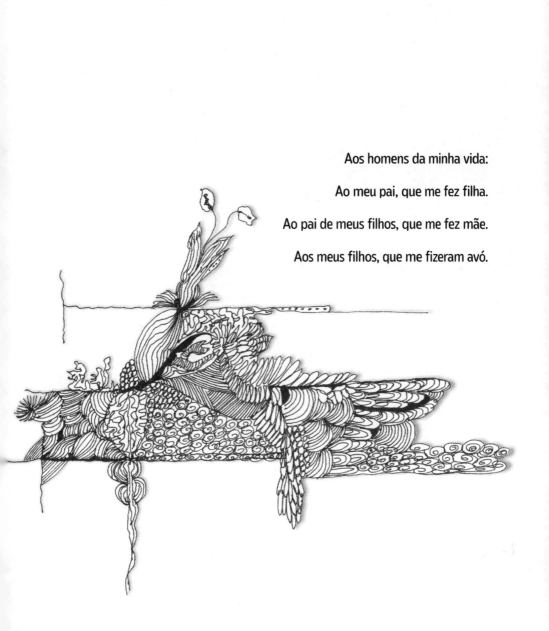

Agradecimentos

Sempre acreditei que uma das coisas mais gostosas é poder querer bem as pessoas.

E é vestida desse querer bem por todas as pessoas que, de forma direta ou indireta, contribuíram para a existência deste livro que gostaria de deixar minha gratidão.

Costumo fazer uma diferença entre o ato de agradecer e o ato de ser grato.

Acredito que quando agradecemos, estamos sendo educados..., porém, quando somos gratos a alguém, nós queremos retribuir o que nos foi dado, o que nos foi gratificado, não por educação, mas por sentimento.

Dessa forma, Deise e Sonia, minhas "irmãs de alma", gratidão pelas trocas infindáveis regadas pela paciência, pela escuta amorosa e delicada de ambas, sobre as minhas tantas dúvidas e incertezas, ao longo deste processo de elaboração do livro.

Gratidão a outra querida, "irmã de alma", Sandra Rodrigues, que mesmo estando fisicamente longe, esteve sempre tão presente, marcando meu corpo com suas ideias e sugestões sobre este livro.

Gratidão ao meu querido amigo Walter Kohan, pela sugestão do título deste livro.

Profunda gratidão, que vem embrulhada em um sentimento profundo de orgulho e de muita alegria, ao meu filho Alexandre pela elaboração do projeto gráfico da capa deste livro.

Sumário

O que me moveu à escrita do livro 11
Apresentação 12
Talvez seja um prefácio.. 15

O caminhar 25
O início... 27
As marcas deixadas no meu corpo pelos meus pais................ 48
Exílio, sofrimento, crescimento, aprendizagens..................... 56

Reflexões oriundas do caminhar... 75
Sobre o conceito de tempo em tempos pandêmicos.............. 77
Processo de formação... 81
O ato de se vincular.. 85
Conhecimento e sensibilidade na prática educativa............... 90
A escolha da escola: o que esse momento representa
  para os pais? 93
Esperanças na educação... 99
Entre o desejo de ser e o desejo de ser mais na educação..... 104
A importância da filosofia de uma educação para a
  transformação... 110

As linguagens como prática de liberdade.............................. 116

Conversa com o grupo do Café Paulo Freire,
pelo seu centenário... 128

Reflexões sobre quando educamos e somos educados
numa filosofia emancipadora de educação........................ 138

Devaneios... 145

Reflexões de quem ainda ousa brincar............................... 147

Arte e Poesia.. 159

O que me moveu à escrita do livro

Este livro surge de um profundo desejo e, ao mesmo tempo, quase como uma necessidade de dar passagem, de dar forma, a pensamentos, experiências, situações de vida, mas, sobretudo, de socializar, com aqueles que o possam chegar a ler, as marcas que ficaram no meu corpo, tanto pela forma como fui educada por meu pai e minha mãe, como pela minha história de vida.

Foram justamente essas marcas que me fizeram desembocar na área de educação e ser a educadora que já fui, que sou e que ainda tento ser a cada dia que passa, a cada dia que vivo.

Sempre acreditei que nós educamos o outro, em princípio, da forma como nós fomos educados. Como educar para mim significa marcar o corpo do outro, acredito que na minha caminhada de educadora tenho marcado vários corpos da forma como fui marcada.

Este livro é um livro simples, pouco extenso e sem grandes pretensões, a não ser a de desejar possibilitar um diálogo com todos vocês.

Confesso que ficarei muito feliz, caso este pequeno e simples livro possa provocar, no corpo daquele que o ler, uma leitura que dialogue com o texto e o contexto de quem o escreveu.

Talvez cheguem à possível conclusão, como eu mesma cheguei quando o escrevia, de que ele foi um mero pretexto para a construção do meu texto, do meu desejo de me dar a ler sobretudo a todos(as) aqueles(as) que, como eu, trilham o caminho da educação.

Desejo uma leitura prazerosa a todos e todas.

Fátima Freire
Rio de Contas, 2023

Apresentação

Pensar em educação e ter esperança na transformação no ato de educar.

Esperançar uma educação para pensar com autonomia, com liberdade, interação, escuta e investigação.

Aprendemos sempre. Aprendemos melhor quando estabelecemos vínculos, quando somos acolhidos, respeitados, motivados e desafiados.

Pensar em uma educação transformadora é também pensar na educadora Fátima Freire. Em suas reflexões, exemplos, ideias e percurso.

Fátima traz neste livro suas múltiplas linguagens: poética, estética, artística, sensível e afetiva. É como se bordasse e tecesse uma bonita trama, que envolve, instigando todos a buscar saber mais, a pensar também nos nossos percursos de vida.

Na primeira parte do livro, "O CAMINHAR", compartilha conosco experiências, situações de vida. É uma viagem à infância no Recife, a sua vida no exílio e, principalmente, a sua convivência com sua mãe Elza e seu pai Paulo.

Nessas deliciosas conversas, nos confidencia tanto asperezas vividas como as conquistas, o amor dado e recebido, as dificuldades superadas, nos mostrando assim que somos todos seres humanos passíveis de situações similares.

Quando pensamos na pessoa de Fátima Freire, filha do grande mestre Paulo Freire, ícone da educação, é comum acharmos que por ser educadora teve um caminho mais tranquilo com portas abertas e facilidade nas oportunidades. Grande engano. Essa filha também teve inúmeras dificuldades e provas para chegar onde chegou. Ao mesmo tempo que é um privilégio maravilhoso ser filha dele, também isso traz muitos obstáculos e desafios.

Fátima traz nessa narrativa toda a boniteza do convívio com seus pais, bem como sua trajetória para se constituir separada deles e as marcas que ficaram em seu corpo, tanto pela forma como foi educada quanto pela sua história de vida.

Na segunda parte do livro, "REFLEXÕES ORIUNDAS DO CAMINHAR", Fátima nos leva a pensar criativamente, ao mesmo tempo que profundamente, nos instigando a refletir em como nos questionarmos, em como nos revermos, em como nos revisitarmos.

"Brinca" com as palavras e traz um olhar único para cada reflexão, ressignificando questões, vivências e aprendizagens. Isso dá prazer e leveza na leitura. Possibilita pausas para assimilação e também gera novas perguntas, e nesse balanço de ir e voltar do pensamento é que constrói quase que uma melodia em seu texto.

Real, plena, forte, lutadora, amorosa profunda, simples e complexa, suave, positiva e sempre questionadora, reflexiva e incomodada.

Incomodada porque acredita que as coisas, situações e realidades podem ser melhores. Incansável, pois sempre busca novos caminhos e percursos para contribuir com a educação.

Quem passou por alguma formação com Fátima Freire sabe o quanto ela surpreende, trazendo o frescor de um novo olhar na educação e questões a serem repensadas na nossa ação pedagógica. Ela nos seduz a pensar de modo mais amplo e livre.

Fátima traz o resultado de muitos anos de sua escuta e reconhece os vários códigos que usamos para nos expressarmos. É a escuta que produz perguntas potentes. Escutar é essencial para qualquer relação.

Crescer e se fazer gente não é fácil para ninguém. Aqui generosamente a autora se despe e nos faz sentir que todos somos humanos e temos derrotas, conquistas, amores, sofrimentos, mas que também podemos superar e nos descobrir fortes e vitoriosos.

Fátima nos traz novos, claros e belos olhares para a reflexão sobre quem somos ou podemos ser, nosso papel, nossos sonhos e onde queremos chegar.

Isso só podemos fazer se reconhecermos a forma como fomos ensinados a ler o mundo. Quem e como nos foi apresentado, e introduzido o espaço que nos cerca. Como aprendemos a olhar, cheirar, tocar, escutar e comunicar.

A terceira e quarta partes do livro, "DEVANEIOS" e "ARTE e POESIA", indaga-se e nos indaga. A leitura aqui faz com que nos aproximemos mais dessa autora. Essa menina, mulher, mãe, avó e educadora fantástica. Nessa viagem de leitura, temos a oportunidade de nos vermos e revermos.

É assim, um livro/diálogo na escrita, nas poesias e nos desenhos. É um convite a cada um de nós para nos revisitarmos. Essa capacidade de se expressar em múltiplas linguagens com poesias/pensamentos fortes, tocantes e profundos, com desenhos ricamente delineados com os fios da imaginação e sentimentos vividos com intensidade.

Somos gratas pelo privilégio de conhecer, conviver e dialogar com essa educadora generosa que "serve de bandeja" o seu saber, que não esmorece na luta de tocar as pessoas e os educadores e que, sobretudo, segue incansável para continuar a aprender cada vez mais e a viver a busca pelo significado de sua vida.

Esta obra é um convite ao leitor a passear gostosamente o olhar nas pinturas fortes dos rostos das "meninas", nos desenhos tramados, ricos em sua expressão, e nas ricas poesias da autora. Assim, Fátima nos mostra que somos seres de várias formas de nos comunicar.

É, enfim, um convite prazeroso a conhecer mais um pouco dessa mulher, filha, mãe, avó e educadora.

Deise Luppi
Sonia Villaboim

Talvez seja um prefácio

Se a memória não falha, conheci a Fátima aquando de uma visita que fez à Escola da Ponte. Foi em finais dos anos 1990, e o seu olhar atento talvez a tivesse visto por dentro, à semelhança de outro observador que, na mesma altura, escreveu:

"Nenhum pensamento reclama tanto a comunhão dos olhares para fora e para dentro como o pensamento sobre a educação."

A educação é isso mesmo — um permanente movimento no sentido da decantação e intersecção desses olhares. Começamos por treinar e desenvolver apenas o olhar para fora. Durante alguns anos, permanecemos cegos para o que não existe. Só descobrimos o olhar para dentro e começamos a pressentir o que não existe, quando se nos impõe ou nos é imposta a necessidade de interrogar e compreender o que vemos fora de nós.

Esse é o primeiro momento mágico da educação. O momento em que finalmente nos apercebemos de que há um imenso mundo para além ou aquém do mundo que espreitamos fora de nós. Ou, como diria Pessoa na voz do Álvaro de Campos: "Sou o intervalo entre o que desejo ser e os outros me fizeram, ou metade desse intervalo, porque também há vida".

A Fátima é uma *designer* de si mesma, interrogando-se e celebrando aquilo que "genes culturais" permitiram ver por fora. Delicadamente, poeticamente, a fazer ecoar a voz de Freire, na denúncia da agonia da educação e da sua canonização instrumental.

Uma miríade de microssaberes sobre os trajetos possíveis dos educáveis na escola e na sociedade abateu-se, como um espesso e quase impenetrável nevoeiro de racionalidade, sobre o campo de visão dos práticos e profissionais da educação, turvando e hipertrofiando os seus olhares e levando-os a agir não como promotores inteligentes e solidários de percursos de aprendizagem e de desenvolvimento pessoal diferenciados e humanamente qualificados, mas como peças menores e oscilantes de uma complexa, gigantesca e, tantas vezes, estúpida engrenagem de adestramento cognitivo e de "pinoquização cultural", como diria o amigo Rubem.

A Fátima questiona: "como educar em tempos sombrios de barbárie?" E vai semeando sensíveis respostas:

"Fico às vezes pasma com a enorme quantidade de educadores e sobretudo de professores que se imaginam (e às vezes estão convencidos de) estar a falar com o outro, mas na verdade estão a falar sozinhos. Imaginam que estão a dar aula para os alunos, porém talvez estejam a dar aulas para si mesmos".

"Existe uma relação entre a ocupação do lugar físico e a ocupação do lugar psíquico. Ambas se entrelaçam para o fortalecimento do sujeito no processo de apropriação de si e do seu espaço".

"É por meio da construção do vínculo pedagógico que o professor, por sua vez, constrói um lugar psíquico no corpo do aluno. A construção do lugar psíquico no ato de educar o outro por parte do professor é importante, porque permite que o aluno internalize a sua imagem de forma afetiva, ou não, tendo desse modo a possibilidade de significar o seu processo de aprendizagem de forma amorosa e afetiva".

"Quando o vínculo pedagógico entre o professor e o aluno é precário ou inexistente, o processo de ensinar do professor e, por sua vez, o de aprender do aluno podem ficar comprometidos".

"Nasci, vivi e vivo até hoje rodeada de livros e de palavras. Sempre me fascinou a leitura por conta da forma como meu pai se relacionava com os livros, como também pela sua intensa forma de conversar, dialogar conosco. Sempre me fascinou o ato de escutar, marcada pelas inúmeras e longas conversas e 'desabafos' com a minha mãe, ao longo de eu me fazer gente".

"Acredito que é da junção dessas duas marcas profundas que trago no meu corpo que desenvolvi uma certa intimidade comigo mesma, que se transformou, por sua vez, em uma certa facilidade para me expressar e para falar".

"Mas, sobretudo, para construir a minha própria fala".

"Penso que talvez seja essa intimidade e facilidade na forma de me expressar que me dá coragem para dizer e sustentar, mesmo com medo, o que penso, o que sinto, o que sonho, o que me dá alegria ou tristeza".

Estamos em plena Quarta Revolução Industrial. Dispomos de impressoras 3D, com as quais podemos fabricar objetos sem sair de casa. A exploração espacial conduzirá à criação de fábricas no espaço, produzindo objetos mais baratos, sob o efeito da gravidade zero. Milhares das atuais profissões desaparecerão. A energia solar descentralizada e outras energias renováveis e limpas substituirão o uso de combustíveis fósseis. A internet das coisas e sensores de controle facilitarão tarefas domésticas e a vida em comum. O *wi-fi* planetário fará do mundo uma pequena aldeia. O carro autônomo, a robótica e o desenvolvimento exponencial da inteligência artificial poderão substituir o ser humano em múltiplas situações.

Neste tempo de incertezas e transições, carecemos de um novo sistema ético e de uma matriz axiológica clara, baseada no saber cuidar e conviver. Urge transformar a educação, transformando o contexto em que ela acontece. E urge, também, estabelecer interação humana entre a escola e a cidade, capaz de dar sentido ao quotidiano das pessoas e influenciar positivamente as suas trajetórias de vida. Estaremos, então, a contribuir para a criação de verdadeiros laboratórios de laços sociais, onde a vinculação ética ao outro tenha a marca da solicitude mútua.

São os questionamentos que originam projetos de produção de vida e de sentido para a vida, na relação com um território biológico e psicológico de partilha em redes de aprendizagem. Quem aprende se apropria não apenas do conhecimento, mas também do processo pelo qual adquiriu o conhecimento.

Diz-nos Clarice Lispector que, em matéria de viver, nunca se pode chegar. E que a trajetória somos nós mesmos. Alguém disse, também, que o educador é mais aquilo que faz do que aquilo que sabe, sendo mais aquilo que é do que aquilo que faz. Acrescentaria que não transmitimos aquilo que dizemos, mas aquilo que somos. E acredito ser possível obter mudanças efetivas no comportamento e na cultura humana, questionando a estrutura das formas de educação que praticamos. O desenvolvimento de atitudes de respeito, solidariedade e preservação da vida ajuda a superar visões fragmentadas, aprender a ver as relações entre as coisas.

Num mundo em que imperam princípios de disjunção, de redução, de abstração — o que Morin designava de "paradigma da simplificação" —, um pensamento simplificador impede a conjunção do uno e do múltiplo, anula a diversidade. O paradigma humanista predomina nos documentos de política educativa. A adoção de um determinado paradigma educacional e de consequente assunção de uma prática pedagógica não é neutra. Reflete a opção por um determinado tipo de vida em sociedade, de visão de mundo.

Numa relação de escuta, a circulação de afetos produz novos modos de estruturação social. Não negando o potencial da razão e da reflexão, agregar-se-ão as emoções, os sentimentos, as intuições e as experiências de vida. A escuta, para além do seu significado metodológico, terá de ser humanamente significativa, terá de abdicar de atitudes magistrais, para que todos os intervenientes aprendam mediados pelo mundo.

Winnicott define o ser humano como pessoa em relação, ser singular, que não pode existir sem a presença do outro. O indivíduo-com-os-outros tem consciência do seu papel numa ordem simbólica complexa e concreta, que o protege dos efeitos mortais da uniformização.

Precisamos rever a nossa necessidade de desejar o outro conforme nossa imagem, respeitando-o numa perspectiva não narcísica, ou seja, aquela que respeita o outro, o não eu, o diferente de mim, aquele que defende a liberdade de ideias e crenças, como nos avisaria Freud.

Haverá muitos modos de concretizar utopias. Mas não passa de um grave equívoco a ideia de que se poderá construir uma sociedade de indivíduos personalizados, participantes e democráticos enquanto a escolaridade for concebida como um mero *adestramento cognitivo*. Para exercer solidariedade é necessário compreendê-la, vivê-la em qualquer momento. Um projeto é um ato coletivo, consubstanciado numa lógica comunitária, que pressupõe uma profunda transformação cultural.

Urge reformular terminologias: desenvolver trabalho *com* e não trabalho *para*; substituir o *ou* pelo *e*; trocar o *eu* pelo *nós*. Urge redefinir o perfil do mediador de aprendizagens, considerar o aluno como participante ativo de transformações sociais, reconfigurar as práticas escolares. Bastará que os professores se interroguem. É dessa capacidade de interpelar as práticas que emergem dispositivos de mudança, não apenas nas escolas, também em todos os espaços sociais onde ocorrem aprendizagens.

Os obstáculos que uma escola encontra, quando aspira a novas práticas, são problemas de relação. As escolas carecem de espaços de convivencialidade reflexiva. Precisamos compreender que pessoas são aquelas com quem partilhamos os dias, quais são as suas necessidades (educativas e outras), cuidar da pessoa, para que se reveja na dignidade de pessoa humana e veja outros educadores como pessoas. Precisamos exercer a consideração positiva incondicional, de que falava Carl Rogers, de praticar a confirmação, no dizer de Martin Buber.

A par do abandono de estereótipos e preconceitos, necessário será que a todos sejam dadas oportunidades de ser e de aprender. Se a escola não muda a sociedade, mas muda com a sociedade, urge transformar a educação, transformando o contexto em que ela acontece, ultrapassar o âmbito restrito da educação escolar, agir em múltiplos espaços sociais, políticos e culturais, criar redes locais de aprendizagem, cuidar das pessoas para que elas se melhorem e transformem a cidade. Essa transformação não é meramente escolar e, para que aconteça mudança, não são necessários somente bons projetos de formação — são necessários projetos sustentáveis de desenvolvimento.

Entre a escola, o bairro, a habitação, o clube desportivo, a associação cultural e recreativa, o local de trabalho ou de lazer, há que estabelecer uma corrente de interação humana capaz de dar sentido ao quotidiano das pessoas e, assim, influenciar positivamente as suas trajetórias de vida. Estaremos, então, a contribuir para a criação de espaços que, pela sua densidade antropológica, podem servir para ajudar a despertar a vocação humana para a transcendência e, nessa medida, funcionar como verdadeiros laboratórios de laços sociais onde a vinculação ética ao outro tenha a marca da solicitude mútua, do respeito e da sensibilidade. Potenciado em práticas de autêntica relação social, o reconhecimento intersubjetivo surge-nos como condição de convivência, de paz e solidariedade. E de criatividade e reinvenção da vida, que o mundo contemporâneo reclama com urgência.

Como diria o poeta da reinvenção — o Manoel de Barros —, aprender é desaprender, para vencer o que nos encerra e aliena. Tudo o que é meramente transmitido tem pouca influência no comportamento da pessoa. Os conhecimentos que podem influenciar os conhecimentos do indivíduo são os que ele próprio descobre e de que se apropria. Enquanto ato intencional, que caracteriza uma existência digna, a cidadania é uma "técnica de vida".

Saibamos, pois, aproveitar o momento para aperfeiçoar os aspectos inovadores da prática, que a autora deste livro nos oferece. Saibamos partir de tudo o que de positivo já acontece nas escolas, para definir grandes metas, dar pequenos (mas seguros) passos e fazer acontecer transformações.

Bem haja quem é artífice do futuro.

A Fátima anuncia o tempo em que educadores éticos harmonizam necessidades e problemas da sociedade contemporânea com as dimensões da sustentabilidade (social, econômica, ecológica), numa nova visão de mundo. Estamos no dealbar de um tempo de práticas educativas favoráveis à formação de seres humanos integrados à vida, criativos, solidários, felizes.

Nenhuma mudança se funda no nada, na negação da história ou da realidade, por mais efêmeras que se apresentem aos nossos olhos. A humanização da educação acontece como gesto de amor e de coragem. Novas práticas restabelecem a ligação entre família, sociedade e escola, algo que a escola da Primeira Revolução Industrial havia desfeito.

Importará reconhecer que, se Tomás Morus escreveu a sua *Utopia* baseado num opúsculo de Américo Vespúcio, talvez seja necessário sulear a busca de novas utopias. Foi no Sul que Vespúcio encontrou um mundo onde "todas as coisas eram comuns", onde "cada pessoa era dona de si própria". Foi no Sul que o navegador deparou-se com a concretização da utopia de não haver ricos nem pobres, uma sociedade mais humanizada do que a europeia.

Na segunda metade do século XX, bem acompanhado por Anísio, Nilde, Nise, Darcy e outros educadores do Sul, o português imigrado Agostinho da Silva traduziu obras de "utópicos" para lançar sementes de renovação na educação. Porém, há cerca de 30 anos, no rasto de Agostinho e de Darcy, partilhei o quotidiano de comunidades quilombolas e indígenas. Com tristeza, vi como a escola instrucionista as descaracterizava. As práticas escolares não tinham por referência um território singular. Não questionavam, nem criticamente superavam a forma escolar e a sua tendencial extraterritorialidade. A aprendizagem era encarada, quase exclusivamente, num registro didático e técnico.

Ouvi dizer que a história talvez sempre tenha sido uma luta entre o bem e o mal. E que, felizmente para a humanidade, o bem sempre acabou por vencer. Ou, como diria um filósofo do século XIX, esbatendo essa dicotomia, as adversidades da história foram sempre além da tensão entre bem e mal.

Vêm à memória imagens de um mundo incomunicável, não susceptível de ser entendido ou percebido, de um mundo interior só captável pelo olhar para dentro, que dá expressão à nossa identidade e singulariza o nosso destino. À medida que vamos tomando consciência desse mundo interior, vamos aperfeiçoando a focagem do olhar para fora. E qual é o segredo do olhar da Fátima?

Sem abdicar de um "olhar de pesquisador", de um olhar crítico, consegue ser objetiva e terna. O seu trabalho traduz o sentir de uma inconformada, que se deixa encantar por uma escola que a todos acolhe e a cada qual confere oportunidade de ser sábio e feliz.

A sua escrita denota consciência de realidades tradicionalmente escamoteadas, leva-nos a olhar para dentro, para aprendermos a interrogar e compreender o que vemos fora de nós. Freirianamente, analisa desigualdades que as escolas engendram, interpelando olhares atrofiados, que vêm enformando uma gigantesca e estúpida engrenagem de adestramento cognitivo.

Num tempo que não admite neutralidade, a autora desta obra anuncia a possibilidade da redenção da Escola. Propõe passarmos do discurso da queixa ao assumir o da responsabilidade. Esperançosamente, assume que a *Educação é uma profissão de esperança.*

Diz-nos que somos guiados por desejos, refutando a ideia de que no discurso sobre educação a palavra utopia seja sinônimo de impossibilidade. Utópico será algo que indica uma direção, que requer intencionalidade e ação. Como diria Quintana, "se as coisas são inatingíveis... ora! / Não é motivo para não querê-las". Concretizar utopias — recriar vínculos, re-olhar e reelaborar as práticas — reconfigura a metáfora do Mito de Sísifo, e poderemos encarar tal tarefa como a concretização de um "inédito viável".

UMA VIDA MARCADA PELA EDUCAÇÃO

A "Hipótese Gaia" é intensamente discutida, entre o Facebook e os palcos de congressos. Mas apenas alguns luminosos pontos de humanização começam a surgir. A Fátima é um deles. Possui um olhar que antecipa e germina o futuro. Pretende contribuir para o desenvolvimento de um novo modelo de educação, mais consciente e multidimensional, "que incentive seres amorosos, compreensivos, respeitosos, responsáveis pelo seu papel na cidadania local e planetária". Fico grato pelo privilégio do acesso ao seu incansável afã.

Já na Grécia de há milhares de anos havia aqueles que acreditassem serem os seres humanos capazes de buscar — em si próprios e entre os outros seres — a perfeição possível. Talvez por isso, a autora deste excelente livro insista em ver as realidades com olhos que veem para além do que existe, com olhos de *apoena*, desvendando o porvir de que o Almada nos fala na terceira de "As Quatro Manhãs": "quando cheguei aqui o que havia estava no fim / e o que estava por vir andava disperso pelo sonho de alguns".

Diz-se que uma das virtudes de um prefácio é o de ser breve. Não consegui ser virtuoso e ainda resta agradecer a honra do convite e manifestar-te gratidão.

Bem hajas, querida amiga.

José Pacheco
Fevereiro de 2023

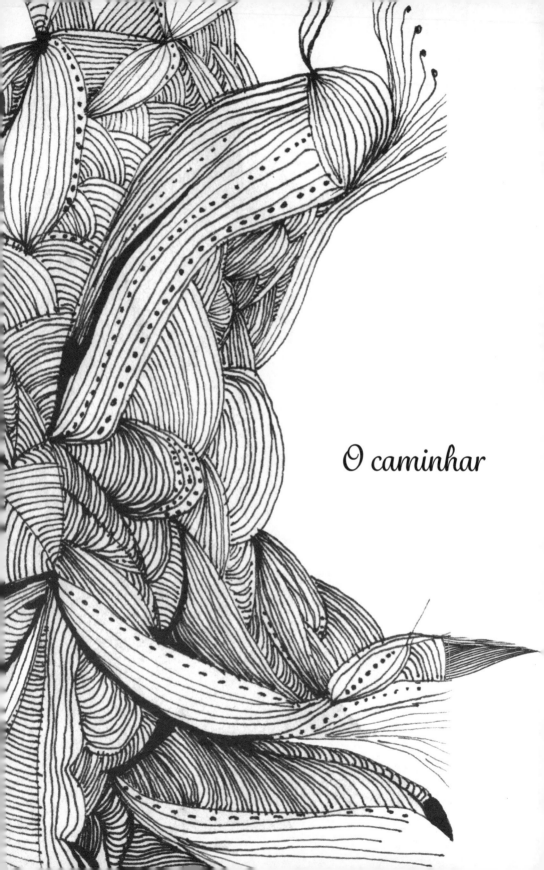

O caminhar

O início...

Nasci no Recife, no dia 14 de abril, o relógio marcava 12 horas em ponto.

Imagino que devo ter chorado de dor ao ter que respirar por conta própria, já fora do ventre da minha mãe.

Ariana sou, com o Sol do meio-dia pleno na minha cabeça.

Sempre me pergunto se é por essa razão que tenha sido sempre tão difícil para mim não usar/criar/inventar e olhar o mundo pelo viés da impulsividade, da ação.

Minha sede de curiosear o mundo sempre foi intensamente corpórea. Sou também intensamente corpo, víscera, entranhas!

Seria assim se tivesse nascido homem? Curiosidade boba, pois nunca saberei.

O que posso afirmar aqui e agora é a certeza e a enorme alegria que sinto por ter nascido menina e me feito menina/mulher.

Digo isso por muito ter me custado me transformar em uma mulher.

Nesse sentido, poderia ter permanecido sempre uma pessoa do sexo feminino, como tantas muitas outras de nós ainda permanecemos.

É gozado que ao terminar de escrever essa afirmação, me vem ao corpo a pergunta cretina (no sentido do não saber): e o que é ser uma mulher?

Não saberia responder. A não ser ousar dizer como me sinto sendo uma.

Plena de vida. Plena de intensa curiosidade, sobretudo no que diz respeito ao mundo, às pessoas e às coisas.

Contudo, o que mais me deixa estonteada e feliz enquanto mulher é ser grata pela capacidade de gerar vida. Talvez por essa razão, ao contrário da grande maioria de nós, mulheres, os dias de período menstrual foram sempre bem-vindos, pois anunciavam/denunciavam a possibilidade de gerar vida.

Ao falar de procriação, lembro-me ainda adolescente fazendo-me promessas.

Uma delas era a de ter seis filhos. Não tive os seis, porém tive seis gestações, ficando com quatro filhos. Bem mais tarde, já mulher adulta e no exílio, ao parir o meu primeiro filho, em Varsóvia, Polônia, surpreendo-me fazendo-me outra promessa.

A de jamais ter outro filho em um país do qual eu não falasse a língua.

Mantive minha promessa, meu segundo filho nasceu em New Haven, EUA, e os meus dois últimos em São Paulo, Brasil.

Não existe situação mais terrível de precariedade emocional que a de parir em uma situação de não continência afetiva, de não domínio de fala e de expressão do país onde você se encontra, para simplesmente poder dizer, poder falar o que você está a sentir, como também para entender o que as pessoas estão a pedir que você faça.

Hoje, após 50 anos dessa experiência, ainda tenho literalmente muito presente no corpo, e de fácil acesso, os sentimentos de pânico, insegurança e medo que invadiram o meu corpo no momento do meu primeiro parto.

São essas lembranças que me confirmam que o nosso corpo é marcado pelas experiências, já sejam boas ou ruins, que vivenciamos, e o quanto é importante aprender a ressignificar estas marcas que ficam como cicatrizes.

Por essa razão, percebo o ato de educar como um ato de aprender a ressignificar as marcas que carregamos nos nossos corpos.

Hoje, como educadora formadora de educadores, dou extrema importância para que cada professor, durante o seu processo de formação, possa entrar em contato com a sua história de vida, para que assim possa descobrir as marcas que marcam o seu corpo.

Nasci, vivi e vivo até hoje rodeada de livros e de palavras.

Sempre me fascinou a leitura por conta da forma como meu pai se relacionava com os livros, como também pela sua intensa forma de conversar, dialogar conosco.

Sempre me fascinou o ato de escutar, marcada pelas inúmeras e longas conversas e "desabafos" com a minha mãe, ao longo de eu me fazer gente.

Acredito que é da junção dessas duas marcas profundas que trago no meu corpo que desenvolvi uma certa intimidade comigo mesma, que se transformou, por sua vez, em uma certa facilidade para me expressar e para falar.

Mas, sobretudo, para construir a minha própria fala.

Penso que talvez seja essa intimidade e facilidade na forma de me expressar que me dão coragem para dizer e sustentar, mesmo com medo, o que penso, o que sinto, o que sonho, o que me dá alegria ou tristeza.

A experiência, ao longo dos anos, de dar inúmeras "palestras", tanto dentro como fora do Brasil, veio a me confirmar essa expressividade na minha forma de falar.

Descobri, por meio das devoluções do outro (como se sempre não fosse assim...), que possuía uma fala potente, por ter a capacidade de afetar o corpo do outro e, portanto, de marcá-lo, de atravessá-lo.

Acredito que a potência das falas possa estar interligada com duas capacidades do falante:

Uma é a de ter coragem de dialogar com o seu saber e o seu não saber. Mas sobretudo com a sua ignorância, no sentido de querer saber mais do que já sabe.

A outra tem a ver com a simplicidade do seu dizer.

Simplicidade aqui vinculada não ao conceito de pouca profundidade, mas sim vinculada à capacidade de dizer coisas complexas, profundas, de uma forma simples, para que o outro possa entender e contribuir com o seu dizer.

Hoje, após tantos anos de "errância" na educação, acredito que a prática não deve soltar a mão da reflexão, e ambas, vestidas de muita generosidade e humildade, podem possibilitar um dizer simples de conteúdos complexos.

É gozado, mas foi a descoberta de que como educadora eu possuía uma fala cheia que comecei a ter um certo receio, uma certa apreensão quanto ao tipo da minha escrita.

Curiosidade e medo ao mesmo tempo, em saber se por intermédio da minha escrita eu seria capaz de atravessar, de afetar os corpos das pessoas da mesma forma, como eu já sabia que os afetava e atravessava com a minha fala.

Para ter essa resposta, tive que esperar a publicação do meu livro *Quem educa marca o corpo do outro*.

Recebi uma resposta afirmativa das tantas quantas educadoras e educadores que leram o meu livro.

Foi então que descobri que minha escrita podia ser tão potente quanto a minha fala, justamente porque possuía a mesma força presente na minha oralidade. Força oriunda da coragem e da responsabilidade de sustentar o meu falar, o meu sentir, o meu amor pelas pessoas, os saberes, e não saberes contidos no meu corpo, marcado por todos os meus inéditos viáveis, que fazem parte do meu percurso de vida.

Mas descobri também que a potência da fala e da escrita pode estar relacionada ao simples fato de sermos capazes de colocar tanto a nossa oralidade quanto a nossa escrita para dialogarem e, sobretudo, para namorarem.

Nesses anos de caminhada, tanto no Brasil como por diversos países, tanto ao participar como ao coordenar encontros de formação com professores, de ministrar cursos, "palestras", ou de participar de conversas/diálogos com o público, descobri que normalmente costumamos fazer uso, nesses momentos, de três tipos diferentes de fala:

— Uma fala antes do falar;

— Uma fala durante o falar; e

— Uma fala depois do falar.

A "fala antes do falar" seria aquele suposto falar sozinho com você mesmo. Pois na verdade acredito que, quando estamos falando conosco mesmos, é uma ilusão imaginar que estamos realmente sozinhos.

Digo isso porque, quando sozinhos falamos, estamos sempre a falar/dialogar com todas as outras linguagens e pessoas que nos povoam.

De certa forma, o "falar durante" está intimamente ligado ao falar no aqui e agora quando me encontro com outros, numa situação de comunicação.

A fala durante exige um diálogo prévio consigo mesmo, que é o que chamo do "falar antes".

Talvez possa melhor "falar durante" com o outro se exercito, se tenho a vivência de uma certa intimidade de falar antes comigo mesma.

Por sua vez, no ato de falar durante, também podemos perceber que de certa forma ele está marcado, impregnado de todos aqueles outros "falares antes", que se tornaram possivelmente "falares durante".

O falar durante quando estamos com o outro é o falar da escuta. Da escuta do corpo do outro, dos seus movimentos, gestos e silêncios, para poder então lhe falar, ter uma fala com o outro, ao invés de simplesmente falar sozinho, acreditando que está falando com ele.

Fico às vezes pasma com a enorme quantidade de educadores e sobretudo de professores que se imaginam (e às vezes estão convencidos de) estar a falar com o outro, mas na verdade estão a falar sozinhos. Imaginam que estão a dar aula para os alunos, porém talvez estejam a dar aulas para si mesmos.

Pergunto-me então: o que poderá ser o "falar depois"?

Será que o falar depois poderia ser aquele do momento da devolução ao outro do que foi construído, discutido, entendido e descoberto nos momentos das diferentes falas?

Será que o falar depois não poderia ser um momento de avaliação?

Será que o falar depois não estaria relacionado a uma certa necessidade de checar com o outro como sua fala o atravessou?

Honestamente, não saberia responder.

O que sei é que, justamente por saber e acreditar que somos seres de linguagem, e portanto seres simbólicos, nossa fala tem força, nosso discurso pode marcar o corpo do outro, já seja de uma forma negativa ou positiva.

É por esta razão que não só somos responsáveis por nossas enunciações, como também, e sobretudo, pela forma como as anunciamos/denunciamos.

É movida por essa convicção que costumo exercitar uma postura pedagógica que denomino "checar na fonte".

A fonte aqui em questão é o corpo do outro.

É ter a coragem de correr o risco de perguntar como caiu no corpo dele o que foi dito por você.

Imagino que às vezes não é fácil ouvir que podemos ter sido pouco generosos, desrespeitosos ou insensíveis com o outro.

Contudo, é fundamental, para a construção da relação entre as pessoas, tentarmos ser honestos no que diz respeito aos nossos sentimentos.

Sei que não é uma postura fácil de assumir, mas não impossível de ser tentada, de ser exercitada.

O importante aqui é não esquecermos que existe uma diferença entre ser sincero e ser franco. Diferença essa que às vezes nos esquecemos de viver na prática quando estamos a dialogar com o outro.

Se queremos ser sinceros com o outro, não podemos nos esquecer de nos imbuirmos de muito cuidado, generosidade, respeito e sobretudo amorosidade quando formos lhe dizer algo.

Quando precisamos ser francos com o outro, pode ser interessante estarmos atentos ao quanto de informação se faz necessário, naquele momento, ser dito ao outro. Toda informação ou conteúdo que o corpo não consegue assimilar, já seja por razões de temporalidade indevida ou dificuldade emocional de compreensão, normalmente são informações desnecessárias, naquele momento específico.

É interessante estarmos atentos ao fato de que dois dos instrumentos metodológicos pedagógicos mais importantes que o educador possui são: a sua fala e o seu corpo.

O corpo também pode se tornar instrumento metodológico, porque ele também fala, ele diz coisas, ele demonstra sentires, dúvidas, alegrias e tristezas.

Dessa maneira, é importante estarmos atentos não só com o que falamos, como sobretudo com a forma como dizemos o que dizemos ao outro.

Às vezes eu imagino que nós esquecemos que as palavras fazem coisas conosco, e que nós fazemos coisas com as palavras. Daí a sua força, como daí também o cuidado que devemos ter com o nosso dizer e com as palavras que escolhemos para dizer o que dizemos.

Costumo pensar que a graça, para uns, ou a desgraça, para outros, é que nós não temos o controle sobre as palavras que escolhemos para dizermos os nossos dizeres, já que a grande maioria das nossas escolhas são inconscientes.

Dessa maneira, pode ser interessante, para aqueles que queiram saber mais sobre si mesmos, estarem atentos às palavras que sempre estão presentes, ou repetidas, no seu discurso. Elas (palavras) seguramente estão querendo nos dizer possivelmente algo sobre nossa forma de estar com o outro, ou de pensar, que ainda nos é desconhecida.

Todo e qualquer falar exige uma organização e uma "escolha das palavras" que vão, por sua vez, configurar o nosso dizer, o nosso discurso.

Sabemos que tanto a linguagem como a escrita estão de certa forma atravessadas pelo nosso inconsciente.

Dessa forma, quando falo, o faço além do que penso que falo e, quando escrevo, o faço além do que penso que escrevo.

Por essa razão, penso que tanto a fala como a escrita têm o poder de ir além da sua funcionalidade de comunicação.

Talvez seja por essa razão que imagino que nenhuma fala, como nenhuma escrita, é gratuita, mesmo que não saibamos ou entendamos por que elas aconteceram. Ambas têm sua razão de ter sido falada ou de ter sido escrita.

Quantos de nós já não dissemos em alguma situação: "desculpa, não foi bem isso o que eu quis dizer", ou "não sei como pude escrever isso para você"?

Na verdade, acredito que muitos de nós seguramente já tivemos a experiência de descobrir que, às vezes, dizemos a verdade, fazendo uso da sua negação.

Descobri que existem educadores que possuem falas cheias de vida, de alegria, que são capazes de atravessar nossos corpos, ao mesmo tempo que nos portam/transportam para sentimentos, emoções e situações vividas, que de certa forma adormecidas se encontravam nos nossos corpos.

Como existem também educadores que possuem uma escrita cheia de alegria e de vida, que são capazes de marcar o nosso corpo, de forma que nos transportam aos lugares mais remotos da nossa infância. Infância que etimologicamente significa "aquele sem fala".

Costumo dizer que educar é ter a coragem amorosa e generosidade de ocupar um lugar para o outro.

Digo isso porque acredito que ninguém se educa sozinho sem um "modelo" que possa ser referencial para a construção dos valores, princípios, crenças e comportamentos.

Normalmente, quando falamos em ocupar lugares, pensamos unicamente na ocupação de um lugar físico, espacial.

Existe ainda uma grande maioria de escolas no nosso país nas quais o espaço físico ocupado geralmente pelo professor é diferenciado por uma pequena elevação do chão evidenciando, assim, que espacialmente professores e alunos ocupam lugares diferentes.

É curioso perceber que essa diferença espacial pode estar a anunciar/denunciar o tipo de concepção de educação que é veiculada na escola.

É como se o fato de ser professor pudesse nos autorizar, em princípio, a alguns de nós, a imaginar que sabemos mais do que o aluno, nos colocando em um lugar de superioridade em relação a ele.

Poucas são as escolas que apresentam uma configuração espacial da sala de aula que possibilite a todos o ato cotidiano de se olharem e de se perceberem. Que possa incentivar ou possibilitar a existência de um possível diálogo, ou uma possível troca entre iguais, como seres humanos, e diferentes em sua maneira de ser e de estar no mundo.

Mas, na verdade, infelizmente o que se configura espacialmente enquanto formato de sala de aula ainda é a famosa "fila indiana".

Costumo denominar a "fila indiana" de experiência "cangotal", ou seja, me torno um "especialista em cangotes" de tanto que olho para o cangote do meu colega, sentado na minha frente, todos os dias.

Outra forma de ocupar lugar no corpo do outro no ato de educar é a que chamo de ocupação do lugar psíquico.

Existe uma relação entre a ocupação do lugar físico e a ocupação do lugar psíquico.

Ambas se entrelaçam para o fortalecimento do sujeito no processo de apropriação de si e do seu espaço.

É por meio da construção do vínculo pedagógico que o professor, por sua vez, constrói um lugar psíquico no corpo do aluno. A construção do lugar psíquico no ato de educar o outro por parte do professor é importante, porque permite que o aluno internalize a sua imagem de forma afetiva, ou não, tendo desse modo a possibilidade de significar o seu processo de aprendizagem de maneira amorosa e afetiva.

Quando o vínculo pedagógico entre o professor e o aluno é precário ou inexistente, o processo de ensinar do professor e, por sua vez, o de aprender do aluno podem ficar comprometidos.

Minha preocupação como educadora, de estar atenta para a apropriação e a organização do espaço físico da sala de aula, foi fortemente influenciada pelo filósofo francês Merleau-Ponty quando ele diz que todo ser humano é um ser localizado, e não situado. Situamos objetos, localizamos e posicionamos pessoas.

Nós somos seres localizados no tempo e localizados no espaço, o qual construímos e re-construímos à medida que nos relacionamos com os outros no processo de nossa convivência social ou privada.

É por essa razão que construímos espaços, mas ocupamos lugares. Interessante é constatar que muito da forma como eu construo os espaços tem a ver com a forma como eu ocupo lugares.

Por sua vez, o fato de ocuparmos lugares no tempo e no espaço, e nos corpos das pessoas, faz de nós seres temporais, finitos e posicionais.

Como seres humanos possuímos um passado, um presente e um futuro e, por essa razão, podemos construir cada um a sua própria história de vida.

Acredito que a história de vida de cada um de nós estará sempre marcada pelas diferentes formas de construirmos o mundo e de habitá-lo, como também pelas diversas ocupações de lugares que possamos ter experienciado.

Todos nós, de certa forma, nascemos marcados pelo grupo familiar ao qual pertencemos. O desejo inconsciente de nossos genitores já é uma forma de marcar os nossos corpos. Não se trata aqui de uma posição determinista. De maneira alguma. Pois a partir do momento que assumo, reconheço e tomo consciência dessas marcas, posso ressignificá-las, transformá-las. Posso inclusive vivenciar um sentimento positivo de identificação com as marcas marcadas, que faz com que não sinta o desejo de as ressignificar.

Cada um de nós ocupa um lugar específico no nosso grupo familiar, que nos gera marcas corpóreas específicas.

Essas marcas influenciam ao longo do nosso percurso de desenvolvimento, no que diz respeito às possíveis escolhas que efetuamos na nossa vida.

Daí a importância de um processo de autoconhecimento para ter a possibilidade de saber mais de si mesmo.

Sobretudo para poder localizar quais são os desejos e os discursos que são realmente nossos.

A grande maioria de nós passa muitos anos carregando colados, nos nossos corpos, discursos e desejos que talvez possam não ser nossos, mas sim daquelas pessoas que nos educaram e dos ambientes nos quais crescemos.

Todos nós carregamos nos nossos corpos as marcas das pessoas que nos formaram/educaram e que, portanto, nos habitam.

Da mesma forma, nós também marcamos os outros que nos marcaram. Normalmente, costumo dizer que na minha forma de marcar o corpo do outro trago muito da forma como fui marcada. Como também localizamos na forma como educamos a forma como fomos educados.

Fica, portanto, o desafio de localizarmos quais são as possíveis marcas que permanecem até hoje nos nossos corpos, que nos fazem atuar como atuamos.

As palavras costumam falar, dizer coisas, da mesma forma como os gestos também o fazem.

É justamente por esta razão que as palavras e os gestos podem ser lidos de forma diferente por cada um de nós!

Tanto palavras como gestos atravessam de formas diferentes o corpo de cada um de nós.

Algumas palavras e alguns gestos costumam atravessar com maior intensidade os nossos corpos, porém sempre estão fazendo algo conosco e nós com elas.

Nossa primeira leitura do mundo se dá por meio das falas e olhares daquelas figuras que nos introduzem nele.

Normalmente, aquelas pessoas que estão a ocupar a posição de pai e a posição de mãe.

Digo posição de pai e de mãe porque esses lugares podem ser ocupados não forçosamente por um homem/pai ou por uma mulher/mãe, já que um homem pode ocupar o lugar de ser mãe, e uma mulher pode ocupar o lugar de ser pai.

Esse é o primeiro aprendizado de leitura de todos nós.

Esses momentos de apresentação de mundo correspondem aos nossos primeiros banhos nas águas do mundo simbólico, que nos constitui seres de linguagem, portanto, humanos.

O nosso segundo aprendizado de ler o mundo acontece quando nós já possuímos o poder da fala!

É dessa maneira que aprendemos a reler e, de certa forma, a ressignificar o mundo das coisas e das palavras por meio da nossa própria fala, do nosso próprio dizer.

Ainda frágil e incipiente, porém nosso.

Portanto, podemos dizer que vivenciamos dois momentos de enunciação do mundo.

Aquele que nos é feito quando ainda não temos fala, e aquele que refazemos quando já temos fala.

Contudo, essa segunda enunciação do mundo, quando nós já possuímos nossa fala, encontra-se marcada pela primeira voz que falou por nós, que significou os nossos pedidos, desejos e necessidades, quando nós ainda éramos seres falados e não seres falantes.

Acredito que existe uma relação íntima entre a minha forma de ler o mundo das coisas e a minha forma de dar nome às coisas. Ou seja, a minha forma de denominar as coisas e os meus sentires.

Elas se entrelaçam e se laçam, cada uma enriquecendo a outra, e juntas constituem a nossa maneira singular de anunciar/denunciar tanto o mundo das coisas quanto o mundo das palavras e sentimentos.

O mais interessante é que, de certa forma, o aprendizado de leitura do mundo prepara o nosso corpo para o aprendizado futuro da escrita e da leitura das palavras. Meu pai costumava dizer isso, de forma muito linda, quando dizia que "a leitura de mundo é anterior à leitura da palavra".

Acredito que um corpo de criança que foi pouco falado e pouco tocado, pelos adultos que ocuparam o lugar de referência afetiva e de maternagem, seguramente será um adulto que não será falante ou "expressante" das emoções e experiências contidas no seu corpo.

É por essa razão que acredito, como educadora, na importância do aprendizado de apropriação da fala de cada um.

Não é raro, na minha caminhada de educadora, encontrar corpos adultos que ainda continuam sendo corpos falados, apesar de já serem corpos falantes. O que gera não só uma profunda tristeza, como também uma grande preocupação de se esse adulto é um professor.

Tive o privilégio de, quando no mundo me fiz presente, ele me ter sido apresentado pelo meu pai e minha mãe, que foram dois educadores, cujos corpos estavam profundamente habitados por suas crianças internas.

Eles eram portanto o que hoje denomino de adultos infantis.

Entendendo aqui adultos infantis não como adultos infantilizados.

Um adulto infantil é aquele que consegue cheirar, sentir, olhar e engolir o mundo como só as crianças sabem e conseguem fazer.

Essa primeira forma introdutória de entrar no mundo pela porta das falas, olhares, sentires e cheiros de adultos infantis, que foram os meus pais, possibilitou que eu me transformasse também hoje em uma adulta infantil. Possibilitaram-me o desenvolvimento de uma relação curiosa com o mundo e uma eterna paixão pelo saber.

É por ter tido esse privilégio durante o meu caminhar de me fazer menina/mulher que sou pega por uma tristeza humana profunda quando entro em contato com corpos que, por uma razão qualquer, foram interditados no direito de serem crianças.

Daí que seja compreensível que um adulto que não pôde ser criança não consiga manter a sua criança interna viva.

Contudo, acredito que aqueles a quem esse direito foi negado podem ressignificar essa falta e dar vida à criança que poderia ter sido e que não lhe foi possível ser.

Toda a minha infância no Recife foi muito marcada pelo cheiro intenso do mar nas madrugadas quando tomava banho com minha mãe.

Outra marca visual forte é a das cores das frutas e verduras expostas nas bancas da feira de Casa Amarela, onde eu adorava perambular e ficar horas olhando como todas estavam arrumadas. Essa lembrança me veio muito forte e vestida de alegria quando, ao perambular pelos mercados e feiras livres no Marrocos, descobri formas de organizar as frutas e as verduras muito similares às da minha infância.

Vivi minha infância brincando na rua. Essa experiência deixou profundas marcas no meu corpo, as quais hoje com meus 74 anos ainda consigo reviver com intensidade.

Por exemplo, as partidas de futebol, quando ocupava o lugar de goleira, as corridas de saco, de ovo na colher, e o acontecimento mais marcante: o campeonato de "bola de gude".

Guardo comigo até hoje a imagem nítida da minha lata de leite em pó repleta de esferas e bolas de gude coloridas.

Eu era boa no jogo.

Sempre me senti uma pessoa privilegiada em diversos aspectos. E um deles é o de ter tido a infância que tive, a qual me fez a criança mulher que hoje sou.

Toda e qualquer criança deveria ter o direito de ser criança e, portanto, ter uma infância.

Contudo, sabemos que infelizmente no nosso país poder ser criança e ter infância, para a grande maioria da nossa população infantil, não é um direito, mas sim um privilégio.

É na nossa infância de onde brotam as marcas mais profundas e duradouras das descobertas e experiências corpóreas, sensórias, olfativas, gustativas e visuais, que vivenciamos, nos nossos primeiros contatos com o mundo, coisas e pessoas.

Acredito que a curiosidade pela morfologia da diferença dos corpos entra na vida das crianças por volta dos três anos, quando elas descobrem a diferença de sexo.

A menina se faz a pergunta: por que ele tem e eu não?

E o menino se faz a pergunta: por que eu tenho e ela não?

Estou aqui a me referir ao pênis, tão portado, sustentado, pelos meninos e tão invejado por muitas de nós, meninas.

As primeiras perguntas surgem dessa grande descoberta.

Contudo, nem todos os corpos têm o privilégio, apesar de terem o direito, de serem curiosos, e perguntadores!

Aos corpos que lhe foram negadas as respostas às suas perguntas infantis são corpos que possivelmente cresceram sem a experiência do aprendizado do ato de perguntar.

A curiosidade e o ato de perguntar são irmãos gêmeos. Ambos estão intimamente ligados à experiência do aprendizado do exercício da liberdade.

Pela forma como fui educada, tive muito cedo a oportunidade de descobrir as desigualdades sociais, o que por sua vez me possibilitou a descoberta de que eu era uma criança privilegiada.

Outro privilégio que tive na forma como fui educada foi o fato de poder circular, ao mesmo tempo, em dois mundos sociais de diferentes poderes aquisitivos, o que representou e configurou o meu universo de pertencimento na minha infância e início da minha adolescência.

Participava das "festas de aniversário" da classe à qual pertencia, ao mesmo tempo que participava das "festas de aniversário" da classe social à qual não pertencia. Mesmo sendo criança, percebia claramente as nítidas e assustadoras diferenças entre ambas.

Por conta disso, compreendi muito cedo que existiam pessoas que tinham possibilidades, e outras que não tinham.

Estava, dessa forma, instaurada no meu corpo a ideia da injustiça social, não de maneira vertical ou muito intensa..., mas já estava ali presente.

Lembro bem que eu levava lanche para a escola, e minha colega que compartilhava a mesma mesa comigo não levava.

O interessante é que de forma quase que espontânea eu me descobria sempre dividindo meu lanche com ela, sem ela me precisar pedir. Aprendi com o convívio e com o querer bem que sentia por ela a ler, pela sua forma de olhar, o seu enorme desejo pelo meu lanche.

Hoje, mulher adulta, esta imagem e sensação, de querer bem ao outro e de gostar de compartilhar o que possuo, ainda me atravessam quando divido algo com o outro.

E ainda tem gente que não acredita que o corpo tem memória!

O sonho da menina que fui, e que de certa forma ainda sou hoje, é o de poder fazer algo para construir um mundo menos desigual, menos feio, portanto, mais bonito e mais humano.

Recentemente, após passar vários anos sem visitar o Recife, decidi voltar à minha cidade de origem.

Dessa vez, com um objetivo claro e definido: o de buscar não só a geografia afetiva espacial dos lugares onde andei e vivi, durante 14 anos, como também as pessoas que me habitaram, naquele então da minha infância, e ainda me habitam.

Acredito que o que me moveu a visitar o Recife tenha sido talvez uma fantasia inconsciente de tentar recuperar o que possivelmente tinha deixado cair ao longo do meu percurso de me fazer criança, e adolescente, já que a minha experiência de me fazer mulher foi fora do Brasil.

Talvez possa ter sido essa a razão, não tenho certeza.

A ideia era a de poder fazer ou desfazer costuras anteriores, que poderiam ser ainda costuras atuais, alinhavos, ou desalinhavos, se fosse o caso de ainda não ser possível uma costura, para dessa forma dar, mais uma vez, passagem à minha criança, que sempre esteve e ainda está tão presente no meu corpo.

Acredito que à medida que os anos passam e atingimos uma idade mais madura, vai se desenhando no nosso corpo uma necessidade de retomarmos a geografia afetiva da nossa infância.

A intensidade da presença da infância nos nossos corpos é fundamental para nunca perdermos nossa conexão com o caminho que pode nos trazer de volta a nossa criança interna, caso, em algum momento da nossa vida, tenhamos perdido.

Gratidão profunda a Walter Kohan, por ter me possibilitado a leitura do seu livro *Paulo Freire: um menino de 100 anos*, que de certa forma foi o que me deu o empurrão final para que eu empreendesse essa pequena errância pelo Recife.

Errância em busca dos lugares e das pessoas, mesmo sabendo que nem os lugares nem as pessoas seriam os mesmos, após todos esses anos passados, mas que foram fundamentais na estruturação da minha paixão pelo Recife e pela geografia afetiva das minhas relações.

Quem não se lembra da casa onde nasceu?

Quem não se lembra do quintal onde brincou?

Quem não se lembra da primeira escola que frequentou?

Das primeiras amizades e, sobretudo, da primeira professora, do(a) primeiro(a) namorado(a) e do primeiro beijo?

Quem não se lembra das brincadeiras de rua?

Todas essas lembranças se configuram enquanto marcas que permanecem no nosso corpo, fazendo com que possam ser re-cordadas, re-lembradas seguramente com a mesma intensidade com a qual foram vividas pela primeira vez. Isso porque o ato de recordar tem a ver com o coração.

Recife, como sempre, me recebe com um "bafo quente de gente", com uma mistura de ar quente que se adere ao meu corpo e o veste. Esta forma de vestir os corpos das pessoas com um "bafo quente"... só existe no Recife.

É interessante perceber, quando se tem o privilégio de ter muito viajado, o quanto cada cidade, cada país tem seu cheiro, e o quanto existem alguns(algumas) que não têm cheiro, e outros ainda que precisamos buscar com muito afinco para poder encontrá-los.

Esse foi o meu caso com Genebra, na Suíça. Nunca consegui ao certo descobrir qual era o cheiro de *Genève*, mesmo tendo vivido ali vários anos.

Acho que é algo muito triste não ter cheiro, é como se não tivesse vida.

Digo isso porque, quando todo o meu corpo se sentiu envolvido, emaranhado, vestido no "bafo quente com cheiro de gente" do Recife, fui imediatamente transportada, arremetida, metida no tempo e no espaço de quando tinha 26 anos e desembarquei por vez primeira, de madrugada, lembro-me bem, na África Ocidental, em Guiné-Bissau.

Vinha de mãos dadas com o meu primeiro filho, que naquele então só tinha três anos de idade.

Emoção profunda que ainda me engasga, aqui e agora, mesmo tendo já se passado 47 anos. Pasmem!

Foi nesse momento, ainda no exílio, que descobri que África tinha a ver com o Nordeste e o Nordeste tinha a ver com África.

Senti profunda gratidão por um povo que ainda nem sequer conhecia, mas sabia que seria feliz na terra deles, por simplesmente não poder estar na minha, e pelo fato de que a deles me fazia lembrar a minha.

E realmente foi o que aconteceu. África representou e ainda representa, no meu percurso de vida, de me fazer mulher e educadora, uma das épocas mais felizes da minha vida.

Sempre quando estou no Recife, sinto uma alegria quase infantil, quando percebo, quando me dou conta, que todo mundo fala igual a mim. Sensação maravilhosa quando o corpo inteiro se sente reconhecido no mesmo sotaque da fala do outro.

Percebo mais uma vez o quanto uma situação de se sentir em igualdade linguística é potente e gera felicidade.

Uma outra intensa alegria é sempre a de tomar banho de mar. Não em qualquer mar... o mar do Recife é diferente, suas águas são mais quentes, seu cheiro é mais forte e seus sargaços se enroscam no nosso corpo, como se quisessem brincar conosco.

Desde criança, sempre tive uma forte relação de intimidade com o mar.

Essa relação faz com que ainda hoje me lance nas suas águas com um certo prazer quase que sensual.

E é dessa forma que sempre me lanço nas águas salgadas/doces do mar, nelas me deixo levar, sem tempo nem hora marcada para delas sair.

Confesso que sempre sinto uma sensação intensa de plenitude quando meu corpo é abraçado, acariciado, lavado, embrulhado, atravessado por suas águas salgadas.

É sempre gostoso perceber que essa experiência, de certa forma, sempre me transporta, me mete em outras águas, onde também fui banhada, acariciada, lavada, atravessada.

Essas águas são as águas doces/salgadas, as águas do ventre da minha mãe.

O mar para mim sempre foi feminino... por isso suas águas para mim sempre são salgadas/doces, e as águas do ventre da minha mãe sempre foram, para mim, doces/salgadas.

Sempre senti uma forte necessidade de registrar. Acredito que essa necessidade pode ter vindo a habitar o meu corpo pela influência da minha mãe, já que ela era uma grande arte-educadora.

Ao longo do meu caminhar, fui descobrindo que essa necessidade de registrar vinha no meu corpo, vestida em forma de desenhos bordados, e escrita.

O prazer pelo ato de desenhar nasceu de forma quase que simultânea com um outro — o do ato de escrever os meus registros pedagógicos.

Os cadernos de registros da minha prática pedagógica, por sua vez, surgiram no meu corpo como um desafio e, ao mesmo tempo, como uma necessidade de tomar distância do meu "fazer pedagógico", para poder assim transformar o meu fazer em uma "prática pedagógica consciente" e me apropriar dela.

Descobri naquele então que meus desenhos eram como se fossem textos, e que meus textos eram como se fossem desenhos, já que eles dialogavam e um dava continuidade ao outro.

E foi desta forma que desemboquei em um outro prazer... o de bordar.

Bordar para mim também é texto, é escrita, é desenho.

Na verdade, é pela forma como estes três atos: o de escrever, o de desenhar e o de bordar, habitam o meu corpo, e dialogam constantemente comigo quando estou a experienciar um ato criativo, ou estou a pensar que descobri o fato de que muitos de nós unicamente valorizamos a dimensão lógica e racional do processo de construção de conhecimento, ou do pensamento, e não levamos em consideração o aspecto estético do ato de criar, do ato de pensar e, sobretudo, do ato de ensinar.

Dessa maneira, penso que escrever, desenhar e bordar são formas de linguagem que nos enriquecem e que, por sua vez, dizem muito de nós, sem nós estarmos a nada querer dizer.

As marcas deixadas no meu corpo pelos meus pais

Sempre me perguntei se por acaso pode ser fácil, para um filho ou uma filha, falar da sua mãe e do seu pai.

Será mesmo?

Realmente não sei responder.

A única coisa que sei é que para mim sempre foi, e é, muito difícil.

Não imaginem vocês que a dificuldade possa advir de não ter, ou de não saber, o que dizer... até porque todos nós seguramente sempre temos várias coisas para dizer dos nossos pais.

Acredito que talvez, para alguns de nós, como no meu caso, possamos estar muito mais diante da dificuldade de um não saber como dizer do que não ter o que dizer.

No meu caso específico, as marcas que ambos deixaram no meu corpo são tantas, que me perco na escolha das quais gostaria de socializar com vocês.

Neste exato momento no qual escrevo, atravessa meu corpo uma pergunta "cretina", no bom sentido, como costumo chamar as perguntas oriundas da ignorância, do não saber, que é a seguinte:

De onde vem este meu desejo de falar dos meus pais?

Onde, como e quando ele se configurou enquanto desejo?

Um dos primeiros sentimentos que chegam ao meu corpo é que esse desejo, possivelmente, na maioria das vezes, pode vir a habitar com maior intensidade corpos que já chegaram ao que eu chamo da "idade madura", ou também aqueles corpos que já ocupam os lugares de pai e mãe.

Quantos de nós já não escutamos, enquanto filhos(as), a seguinte frase: "Quando você for pai, ou mãe, você vai entender".

Pois é, agora, sendo mãe de quatro filhos, eu entendo o meu desejo de falar do legado que me deixaram.

É gozado, mas se prestarmos atenção, alguns processos, alguns desafios, alguns medos, alguns problemas só temos mesmo capacidade de entender quando somos/estamos pai e mãe.

Imagino que uma das razões da minha dificuldade de falar do meu pai é diferente da que tenho de falar da minha mãe.

Falar do meu pai significa ter que diferenciar os quantos diferentes pais que me habitam, ou seja: o meu pai biológico real, o meu pai simbólico (aquele que idealizei), o meu pai enquanto homem, o meu pai mito (como figura internacional e nacional) e, finalmente, o meu pai Patrono da Educação Brasileira.

Falar da minha mãe significa ter que diferenciar uma quantidade menor das quantas mães que me habitam.

Sem querer dizer com essa afirmação que essa diferença possa ser boa, ou ruim, ou que um possa ser mais importante do que o outro, tanto no seu lugar de ser mãe quanto no seu lugar de ser pai.

Essa diferença simplesmente existe, quer eu queira ou não. O mero fato de ter uma quantidade maior de "pais" internalizados do que de "mães" não interfere no meu sentir a dificuldade do desafio de transcrevê-los na e da forma como os dois me povoam, me habitam.

No caso específico da minha mãe, sou habitada por minha mãe biológica, minha mãe simbólica, minha mãe pessoa, enquanto mulher, e, finalmente, minha mãe educadora.

Para mim, fica evidente que a dificuldade em escrever se torna maior pela força da emoção que, por sua vez, dificulta talvez a clareza da elaboração do texto e a da escolha das palavras para configurá-lo.

Agora que já arrodeei bastante, talvez quem sabe para acalmar um pouco a minha emoção, passo a dar início às lembranças das experiências de vida com a minha mãe.

Ela era simplesmente ela.

Sem dramas.

Sem exageros.

Sem excessos.

Sem grandes rodeios.

Ela era simplesmente ela.

Fui intensamente marcada por essa forma de ela ser ela.

Sua capacidade de se fazer e de estar presente e necessária na minha vida, e no cotidiano da nossa família, sempre foi muito intensa.

Vim entender só depois, já com uma certa idade, que sua capacidade de estar presente estava sobretudo ancorada na sua capacidade de estar viva, e de ter coragem de enfrentar de peito aberto os desafios que a vida pôs no seu caminho.

Eu adorava essa sua capacidade, já desde menina pequena, dado o simples fato de que ela sempre tinha algo a inventar para fazermos juntas. Alguma brincadeira, algum desenho, algum bordado, ou simplesmente ter que acompanhá-la a algum lugar, especialmente à feira e às lojas de tecidos.

Contudo, uma das suas qualidades que marcou extremamente o meu corpo, de criança, foi a sua capacidade de inventar estórias, sua capacidade de nos transportar dos possíveis momentos de tristeza para momentos de alegria, com uma leveza no falar, no representar, que me fascinava.

Sua capacidade corpórea de exalar e respirar vida fazia com que fosse extremamente fácil para ela concretizar ideias ou situações que poderiam ser impensáveis, ou até impossíveis de serem realizadas.

Essa sua capacidade me fascinava. No meu pensamento de criança, era como se ela tivesse uma varinha mágica, como a das "bruxas boas", que a balançavam e pronto! Tudo resolvido!

Hoje, percebo que minha mãe foi uma mulher altamente avançada e diferenciada para a sua época, não só pela sua forma de ser, como também pela sua coragem de ser ela mesma, numa cidade pequena como o Recife, que respirava uma cultura na qual a mulher devia e servia unicamente para estar em casa, a cuidar do marido e dos filhos.

O que ela fez de maneira esplêndida, porém não fechada em casa.

Acredito que todos nós sabemos que a primeira e única mulher da nossa vida, independentemente de qual orientação sexual possamos ter, é a nossa mãe.

Da mesma forma como o primeiro e único homem na vida de um homem, independentemente da sua orientação sexual, é o seu pai.

Costumo dizer que a segunda mulher na nossa vida é a nossa filha. E, para o homem, o segundo homem da sua vida é o seu filho.

Portanto, me sinto abençoada de ter uma mulher como ela foi, na minha vida, e de sabê-la minha mãe. E sobretudo de ter sido olhada por ela, para poder ter aprendido a olhar para a minha filha. Mesmo sabendo que o olhar que estrutura a menina é o olhar paterno, e ao menino é o olhar materno.

Acredito que o olhar materno também estrutura a filha, de forma diferente do olhar paterno, porém tão importante quanto. Pelo viés do quanto de olhar paterno tem no olhar da mãe. E o inverso também para mim é verdadeiro. E por essa razão sempre me pergunto a mim mesma:

Como fui olhada pelo meu pai?

Como fui olhada pela minha mãe?

Me senti olhada?

Me senti percebida?

Minha mãe amava o mar. Esse é um dos maiores amantes que aprendi a amar com ela na minha infância e que carrego comigo até hoje, mulher adulta.

Seguramente ela devia ser uma mulher das águas como eu também o sou. O mar me povoa desde que sou criança.

Seu cheiro, seu movimento, sua cor, seu gosto salgado, sua imensidão, suas ondas e suas águas são como se fossem um segundo ventre de mulher.

Minha mãe era uma arte-educadora com uma grande sensibilidade para buscar o belo das formas, das cores, dos gestos. Com ela aprendi a gostar das cores fortes e a misturá-las com suavidade, para que a força de cada cor se mantivesse presente, mas sem se misturar com as outras.

Alfabetizadora de mão-cheia, me ensinou a levantar o universo vocabular do meu primeiro filho, seu segundo neto, no seu processo de alfabetização.

Contudo, a maior contribuição enquanto alfabetizadora, proporcionada por ela, foi ao meu pai.

Ele bebeu nas suas águas de saber alfabetizar, e ambos entrelaçados, laçados, se banharam e criaram o método de alfabetização Paulo Freire.

Uma das lembranças mais fortes e que me deixou marcas profundas do meu amor pela educação, e pela escolha da profissão de ser educadora/professora, foram as constantes visitas que fazia com ela, quando me levava para a escola pública, no Recife, onde ela era diretora.

As horas que eu passava ali, para mim, eram maravilhosas. Adorava visitar a sala de Ciências, onde se encontrava um esqueleto, do qual eu me lembro até hoje, me provocava um imenso terror..., mas eu gostava de ficar a olhar para ele.

Outra lembrança muito importante que ficou para sempre no meu corpo de adolescente eram os planos mirabolantes que ela e eu inventávamos para tirar o meu pai, quando este se encontrava preso pela ditadura militar. Ele estava preso em um quartel em Olinda, no Recife. Minha mãe alugou uma pequena casa perto de Olinda, em Rio Doce, para que pudéssemos frequentemente visitar o meu pai no quartel.

Nos finais de semana, cozinhávamos feijoada para levar não só para o meu pai, como também para todos os outros presos políticos.

Não preciso fazer nenhum esforço para ter na minha frente a minha imagem e a da minha mãe, ambas sentadas no ônibus, com as panelas de feijão embrulhadas e muito bem seguradas nos nossos colos. O meu grande medo era que com o movimento do ônibus a panela caísse do meu colo e perdesse toda a feijoada. Graças a Deus e ao meu intenso aprendizado de segurar panela isso nunca aconteceu.

Naquela época, mais do que em qualquer outra, eu observava muito minha mãe, com os meus 14 anos, não conseguia ainda naquele então perceber, adivinhar de onde vinha tamanha força que a movia, que a fazia organizar toda a casa, a nós, o seu próprio trabalho na escola... e ainda pensar em planos mirabolantes à noite para tirar paizinho da prisão. Mesmo não sabendo muito do amor, nem sobre o amor, naquela época, eu me dizia a mim mesma... "meu Deus! Ela deve amar muito meu pai para brigar tanto por ele!".

Confesso que de alguma maneira era um sentimento muito gostoso e apaziguador, que me envolvia por inteiro, sobretudo antes de dormir, mesmo sabendo que a situação que vivíamos não era para nada apaziguadora.

E foi ela.

E foi ela quem realmente salvou ele. Já que foi a única pessoa que conseguiu convencê-lo a se exilar, sair do Brasil. Sua decisão era a de não sair do país. Seguramente, se tivesse permanecido no país, terminaria sendo morto.

Foi no consulado da Bolívia, no Rio de Janeiro, a última vez que vi meu pai, antes de ele sair do Brasil.

Minha paixão por panos e costura, minha paixão pelos fios, pelas lãs, pelas cores, texturas, bordados e crochês foi introduzida na minha infância por intermédio da mão e do olhar da minha mãe.

Mantenho e alimento até hoje, mulher madura, menina adulta, essas paixões na minha vida.

De certa forma, acredito que seja por meio delas, e através delas, que ainda converso com a minha mãe, após 36 anos da sua ausência física.

Diálogo este que ainda é encharcado da falta, provocada pela existência do vazio deixado.

E do meu pai?

Quais as marcas deixadas?

Quais as marcas marcadas?

As deixadas por ele foram diferentes das deixadas por ela. Porém tão intensas quanto as que ela deixou.

Os pais sempre são o amor da vida da criança. Contudo, o amor da menina pelo pai é diferente do amor da menina pela mãe.

Essa diferença não é nem qualitativa nem valorativa. Simplesmente são formas de amar diferentes.

Mas é e sempre será Amor.

Meu pai deixou uma marca muito gostosa no meu corpo, que foi o prazer pelo ato de escutar música. Sinto uma falta extrema se não posso frequentemente estar em contato com a música. Como a minha introdução no mundo da música foi feita nos momentos de acalanto para eu adormecer, o sentimento de escutar música é extremamente prazeroso e por demais presente no meu cotidiano.

Enquanto filha, sendo criança/adolescente/mulher que conviveu com ele, no cotidiano o que sempre mais me chamou a atenção foi sua capacidade de ser coerente.

Ele buscava constantemente sua coerência interna, e essa sua forma tão específica de estar no mundo fazia com que da sua pessoa emanasse uma profunda intensidade de vida e de estar vivo.

Foi com ele que descobri que uma das bonitezas do ser humano é justamente poder conviver com suas incoerências, para poder se sentir coerente.

O que mais me espantava e fascinava nele enquanto filha era sua capacidade de dialogar comigo sem, contudo, deixar de ocupar o seu lugar de pai.

Ocupava o seu lugar de pai para que eu pudesse ocupar o de filha.

Ele vivia o diálogo como forma realmente de estar no mundo, e não como uma postura pedagógica.

Todo o seu corpo dialogava quando estava no encontro com o outro.

Essa é uma das marcas mais profundas e intensas que ele me deixou no corpo. O aprendizado constante de aprender a dialogar com o mundo, com as pessoas e comigo mesma.

Dizendo de outra forma, o aprendizado de estar com e no mundo e de me manter viva.

Exílio, sofrimento, crescimento, aprendizagens

Quando saí do Brasil eu tinha apenas 15 anos. Foi em 1964, logo depois de alguns meses do golpe militar.

O fato de ter sido obrigada a viver 17 anos fora do meu país, longe da minha cidade de origem, longe da minha cultura e dos meus círculos de referências sociais e afetivas, da família e dos amigos, deixou profundas marcas no meu corpo de adolescente.

Fui ressignificando-as, à medida que fui me tornando adulta.

Processo fácil? Nem um pouco.

Contudo, dependendo de como vivemos a ressignificação das marcas deixadas, esse processo pode gerar um intenso movimento de crescimento, de descoberta de si, de aprendizagem e sobretudo de enriquecimento humano.

Ao mesmo tempo, pode ser simplesmente um sofrimento, tão intenso, que a pessoa não consiga nominar, denominar e portanto significar.

Hoje sei o que não sabia, naquele então, que sem nominação, denominação e significação não poderia ter ressignificado toda a experiência vivida no exílio.

O mais interessante é que tudo e qualquer coisa que possa nos acontecer no nosso percurso quando estamos no mundo é exclusivo nosso, pois somos nós que significamos o que acontece conosco.

A experiência é um acontecer individual, portanto, singular.

O mesmo acontecer pode ser trágico para mim e não para o outro, pelo simples fato de eu ser eu e ele ser ele.

O fato de ter vivido a experiência do exílio como consequência da ação/escolha e compromisso político do meu pai fez com que, de certa forma, eu vivesse no meu corpo a experiência de "sofrer" um sentimento de não ter sido sujeito da minha própria ação, da minha própria escolha, do meu próprio desejo. Eu não queria ser exilada, eu tive que ser.

Hoje, sei que esse fato poderia ter gerado no meu corpo um intenso sentimento de impotência, me fazendo uma adolescente rabugenta, chata, fechada e sem curiosidade para conhecer o desconhecido que se fazia presente.

Porém isso não aconteceu!

Claro que naquele então, com os meus 15 anos recém-cumpridos, eu não tinha clareza disso.

A única coisa que eu sabia... era que não sabia quando poderia voltar para o meu país.

Diferente de quando, adulta, já com 24 anos, decidi dar simbolicamente continuidade à minha situação de ser exilada ao me casar com um homem cujo compromisso político o transformou, da mesma forma que o meu pai, em uma pessoa não grata para a ditadura militar brasileira.

Ou seja, foi considerado um banido político.

Descobri naquele então que somos responsáveis pelas nossas escolhas, mesmo que estas sejam em grande parte inconscientes.

Foi dessa maneira que de filha de exilado político, sem ter escolhido ser, passei a ser mulher de banido político, tendo escolhido ser.

Essa escolha significou a perda da minha nacionalidade.

O governo militar retirou o meu passaporte, e só pude voltar a tê-lo após a anistia, em 1979.

Rupturas dos grupos de pertencimento afetivo/social, quando você é adolescente, podem gerar muito sofrimento, porque o sentimento de perda, abandono e de desenraizamento é muito grande, já que, quando somos adolescentes, pertencer a grupos é tão ou mais importante do que pertencer à própria família.

O fato de eu não ter negado o meu sofrimento, o fato de eu ter sido capaz de nominá-lo, denominá-lo, significá-lo e ressignificá-lo tornou possível, à medida que os anos passavam e a volta ao Brasil não acontecia, que o meu corpo não fosse pego por um sentimento de saudosismo, mas sim de um encharcamento, de uma invasão por uma saudade imensa do meu país.

Hoje sei, melhor do que ontem, o quanto pode ser diferente ter o corpo pego por um sentimento de saudosismo, de ter o corpo pego por um sentimento de saudade, já seja por um país ou por um ser humano.

Não pensem vocês que eu tinha a compreensão, nem muito menos a clareza desses sentimentos, com meus 15 anos.

Eu simplesmente vivia...

À medida que o tempo foi passando e a realidade da situação da ditadura militar foi se consolidando, fui percebendo que talvez a volta para o meu país pudesse realmente demorar um tempo bem maior do que aquele que eu poderia estar a imaginar.

Foi a partir dessa constatação que, de forma muito instintiva, eu diria quase que animalesca, entendi e compreendi com todo o meu corpo que eu poderia viver amargurada pela falta e a não viabilidade da volta para meu país, ou eu poderia transformar essa falta, como modo de dar forma a desejos outros, que pudessem de certa maneira configurar e preencher o imenso vazio, provocado pela falta do meu país.

Escolhi preencher o vazio da falta do meu país dando forma a outros desejos.

UMA VIDA MARCADA PELA EDUCAÇÃO

E foi assim que me dediquei de forma intensa a aprender, cada vez mais e melhor, a falar a língua que não era a minha, porém nunca como substituta da minha, e sim como complementar e necessária no meu conviver.

Foi na minha adolescência no Chile que surgiu a minha paixão pelo estudo, pela leitura e pelas línguas diferentes da minha. Ou seja, data dessa época minha paixão pelo saber, pelo desconhecido, pelo ato de desvelar as coisas e as situações, também como o ato de desvendar as pessoas.

O fato de ter vivido em sete países diferentes, sem contar com o Brasil, ao longo do tempo que durou o exílio, fez com que eu sentisse, experimentasse, "na pele" o que realmente pode significar ser e se sentir "marginal".

A palavra marginal aqui sendo entendida como aquele(a) que pertence a vários lugares e ao mesmo tempo não pertence a lugar nenhum.

É como se estivesse sempre em transição, como se estivesse sempre "entre", ou "com", os vários mundos, as diferentes pessoas, os diversos lugares já vividos, engolidos pelo meu corpo; mas quase nunca, por não querer dizer nunca, me sentindo ao mesmo tempo "entrecom" no país onde estivesse a viver.

Foi assim como me senti, ao longo desses longos 17 anos de duração do exílio.

Foram 17 anos de um eterno sentimento de estar sempre ou na "sala de espera", ou na "sala de visita", mas nunca "na cozinha", por não me sentir pertencida, inserida, integrada à cultura local. Muitas vezes, e na maioria das vezes, até muito querida, mas não pertencida.

O único continente onde não me senti marginal, onde não me senti estrangeira durante o exílio, foi na África.

Viver em Guiné-Bissau foi quase como viver no Brasil.

Por outro lado, o exílio me possibilitou experiências riquíssimas, pois o fato de viver em países diferentes me obrigou, mas ao mesmo tempo, em contrapartida, também me facilitou o ato de aprender a falar outros idiomas.

É interessante, porque quanto mais outros idiomas eu aprendia, com maior intensidade eu me aferrava ao meu próprio, a minha língua de origem, a minha língua materna, e mais intenso ficava o meu sotaque nordestino quando me expressava na língua que não era a minha.

Talvez fosse uma possível forma inconsciente de me manter conectada com minhas raízes?

Não sei.

Lembrei agora um dito, de um poeta brasileiro, que se a memória não me falha é nordestino, que diz: "o sotaque" é o rebolado da língua!!! Querem coisa mais linda do que essa afirmação?

Hoje tenho cinco línguas no corpo, as misturo, e me misturo nelas e com elas. Esse meu misturar-me com elas sempre acontece em situações ou de grande emoção, ou quando estou cansada.

É como se a barreira entre consciente e inconsciente deixasse de existir nesses momentos.

Outro aprendizado muito rico que o exílio me ofertou foi a possibilidade de assimilar diferentes culturas, diferentes formas de viver, diferentes maneiras e usos dos espaços, mas sobretudo diferentes formas possíveis de me relacionar com as pessoas, o que terminou provocando no meu corpo uma flexibilidade e adaptabilidade muito grande de estar, ao mesmo tempo, no mundo, com o mundo, entre e com as pessoas.

O desenvolvimento corpóreo dessa capacidade de flexibilidade e adaptabilidade, por sua vez, gerou no meu corpo uma outra: a de viver situações imprevistas, como se elas fossem quase previstas.

Dessa forma, quanto mais eu vivenciava situações imprevistas como se fossem previstas, mais eu ia desenvolvendo forçosamente uma capacidade de fazer uso de improvisações para resolver problemas situacionais que me salvaram de boas enrascadas.

Acredito que seguramente é dessa experiência de viver "situações imprevistas" como se fossem "previstas" que dou tanta importância, quando estou a formar os professores, de problematizar o fato de que todos nós que somos educadores e lidamos com gente, forçosamente enfrentamos situações imprevistas, com uma certa frequência, no nosso dia a dia, na nossa prática pedagógica.

O que os professores em sala de aula mais vivenciam no seu cotidiano escolar são situações imprevistas com os seus alunos. E, no entanto, o sistema ainda continua a nos exigir que funcionemos literalmente de forma prevista, já seja dando aula, já seja construindo nossos vínculos pedagógicos com os nossos alunos, ou elaborando nossos planejamentos.

Outro aspecto positivo que o exílio me proporcionou foi o aprendizado do ato do desapego.

Aprender a desapegar é algo muito importante no processo de cada um crescer e se fazer gente.

O exílio me ensinou com base em muito sofrimento a ter que me desapegar de forma constante de amigos, lugares, casas, objetos... a aprender a viver com uma certa intensidade a boniteza do "aqui e agora", do presente, do momento, pois nunca sabia quando iria mudar de país novamente.

Esse exercício de aprender a viver no presente, ao mesmo tempo que me ensinou a aprender a me desapegar de pessoas, lugares, casas e objetos... também me possibilitou construções de relações não possessivas com as pessoas. Foi dessa aprendizagem que hoje tenho a compreensão de que existe uma forte relação entre desapego e posse. E o fato de que a forma como nos relacionamos tanto com as pessoas quanto com os objetos pode anunciar/denunciar a nossa capacidade de sermos capazes de viver o luto, a perda.

Um dos resultados desse aprendizado é que hoje consigo me desfazer sem dificuldade das coisas materiais que posso ter, e engolir as pessoas que passam a me povoar, a me habitar.

O exercício do desapego é uma experiência sofrida, já que provoca no nosso corpo o sentimento de uma vivência de perda. E, como toda e qualquer vivência de perda, provoca um sentimento desagradável de vazio, de luto pelo que foi perdido, pelo que foi vivido e pelo que foi possuído.

Gera também, por sua vez, um intenso sentimento de raiva e de impotência...

Na verdade, o que hoje fica claro para mim, e que naquele então ainda não estava, era que nos momentos das diversas e diferentes situações de desapego/perdas vividas, meu corpo estava sendo marcado para que hoje eu pudesse viver na minha forma de estar no mundo e com as pessoas, o que denomino "vazio cheio".

O conceito de "vazio cheio" para mim significa aquele vazio que não é sentido como um vazio/vazio. Quando um determinado vazio é sentido como um "vazio cheio" trata-se de um vazio que foi significado e que, por essa razão, não gerou no meu corpo a sensação de perda, que normalmente os vazios os quais não conseguimos significar geram no nosso corpo.

A conotação de cheio, nesse caso do vazio cheio, não significa um cheio que já não possa ser mais preenchido, mas sim um cheio de conteúdos que foram significados e que, portanto, podem gerar novos vazios.

Quando lugares, objetos ou pessoas dos quais você precisa se desapegar, mesmo quando não o deseje, foram sentidos, percebidos, com força e intensidade, é seguro que você os carrega consigo, não importa onde você esteja a viver.

O vazio que se configura realmente como vazio é aquele onde nada de significativo acontece, quando o acontecer se dá.

É o que chamo, nesse caso, de "vazio/vazio", que é o que às vezes podemos localizar em algumas relações, quando os sujeitos não conseguem se descentrar para perceber a presença real um do outro, para assim poderem se sentir, se perceber.

Outro aprendizado fundamental da minha experiência do exílio está relacionado com a generosidade.

Ter que aprender a ser generosa comigo, para não exigir de mim mesma mais do que eu era capaz de dar, no processo da minha adaptação à minha nova vida, foi decisivo para poder aprender a ser generosa com os outros.

Essa experiência foi extremamente difícil, mas ao mesmo tempo muito importante na minha forma de aprender a ser gente.

Tive a chance de ter inúmeras confirmações em diferentes situações do quanto é verdadeira a expressão que diz: "generosidade gera generosidade".

Ao mesmo tempo, minha própria dificuldade de ser generosa em algumas situações vividas veio a me confirmar que nenhum de nós nasce generoso. Nós somos educados para nos fazermos generosos, nós aprendemos a sê-lo, da mesma forma como podemos escolher não o ser.

É uma escolha ética.

Hoje, descubro que a experiência de ter tido de ser "marginal" durante todos aqueles 17 anos no exílio marcou, preparou meu corpo para eu ser a educadora, "escutadora" que hoje tento ser.

Considero que, no processo de formação de educadores que optam por uma filosofia de educação para a humanização, a escuta é um elemento fundamental na vivência do processo formativo.

O processo formativo que hoje vivencio, nos grupos reflexivos com educadores, dura em princípio três anos.

O primeiro ano está voltado para a experiência do aprendizado do ato da escuta; o segundo, para o aprendizado do ato de falar sua própria fala; e o terceiro, para o aprendizado do ato de aprender a escrever seu próprio texto.

Como pessoa, tenho um forte gosto pelos espaços, para não chamar de paixão, o qual também foi construído de forma inconsciente ao longo da minha experiência de ser exilada.

Relembrando, não exilada política, porém, mesmo assim exilada.

Minha paixão pelos espaços veio atrelada a uma situação muito concreta. Simplesmente a de perder a conta de quantas casas tive de mobiliar e transformar em um espaço agradável para ser habitado.

Foi por essa necessidade que descobri o quanto é importante, para a construção do sentimento de pertencimento, podermos nos apropriar do espaço que habitamos, e que, para tal, necessitamos personalizá-lo, quase como se ele fosse uma pessoa, e essa pessoa somos nós.

Por essa razão, sempre acreditei que eles (espaços) falam. Eles falam o discurso daqueles que o habitam, falam de quem é você, dos seus gostos, das suas tendências, da sua forma especial e ao mesmo tempo única, por ser sua, de organizar as coisas e os objetos.

Foi movida por essa necessidade de personificar as quantas casas, apartamentos, em cada país diferente que habitei, que hoje como educadora dou suma importância ao ato de personalizar espaços de trabalho, secretarias, escolas, salas de aula, para poder assim possibilitar o desenvolvimento de um sentimento de pertencimento no corpo das pessoas, em relação aos espaços nos quais trabalham, nos quais habitam, e passam várias horas.

A grande maioria de nós passa muito mais tempo nos espaços onde trabalha do que na nossa própria casa. Nossos espaços de trabalho não precisam ser impessoais, pois nós o habitamos. Dessa forma, podemos embelezá-los e lhes dar uma "cara", que é nossa.

Às vezes penso que a impessoalidade presente nos nossos espaços de trabalho se deva talvez à mania que a maioria de nós temos, que é a de separar o que tem de estar junto e juntar o que deve estar separado.

Infelizmente a nossa cultura ainda nos faz separar o que é pessoal do que é profissional. Como se existisse a impessoalidade. Tudo é pessoal. A impessoalidade só existe quando não somos sujeitos do nosso próprio existir, portanto, quando não somos considerados pessoas.

Acredito que posso pessoalizar e embelezar meu espaço de trabalho, sem que este ato implique que não estou tendo uma postura profissional.

Como se fosse possível separar minha forma de ser "pessoa" da minha forma de ser "profissional". Essa dicotomia é uma ilusão. Ela não existe.

Outro aspecto que me chama a atenção como educadora é o fato de nós não podermos demonstrar nossa alegria nos nossos locais de trabalho.

Quando a alegria é um dos indicadores importantes da possível quantidade de vida que temos nos nossos corpos. É como se um corpo cheio de vida e de alegria de viver não pudesse ser um corpo profissional produtivo, sério e competente.

Uma outra marca que o exílio deixou no meu corpo foi o aprendizado do ato de observar, escutar e aprender a ler os corpos das pessoas.

Quando não falamos o idioma do lugar onde estamos inseridos, nós terminamos forçosamente tendo que criar outros indicadores de leitura, para a nossa compreensão do acontecer, que possa de certa forma substituir o da fala, pois nós não a dominamos.

E foi dessa forma, pelo simples fato de não ter o domínio do idioma, que eu falava muito pouco ou quase nada, no início do meu processo de inserção na nova realidade na qual estava inserida, ou tentando me inserir, que iniciei o meu aprendizado do ato de escutar.

Hoje, consigo perceber que esse aprendizado de buscar sempre outros indicadores de leitura ao estar com o outro, mesmo tendo sido provocado por um fator circunstancial, passou a fazer parte da minha forma de estar presente quando estou com o outro.

Relembrando que todo esse processo foi provocado pelo mero fato de me encontrar numa situação que poderia parecer, e confesso que em alguns momentos o foi, desagradável por estar muito mais imersa numa situação de escuta do que em uma situação de fala.

Não pensem vocês que eu quisesse escutar mais do que falar... era meramente uma necessidade que me era imposta pela realidade daquele meu momento.

O interessante foi que, por ter tido a chance de viver este processo, descobri que existe uma certa diferença no fato de você não falar por não querer falar, ou não falar porque não tem o domínio da língua, ou não falar porque não entendeu o que o outro quis dizer para você, ou, ainda, não falar mesmo quando tenha o domínio da língua, mas não a compreensão do conteúdo da fala do outro.

Minha descoberta de que fala e escuta são amigas íntimas e andam constantemente de mãos dadas data dessa época.

Contudo, só tenho consciência desse fato hoje.

O fato de escutar sem ter o domínio da língua me ajudou a estar atenta à elaboração de uma compreensão da fala do outro, atrelada muito mais ao contexto e às formas de como elas se faziam presentes.

Quando temos o domínio da língua que está sendo falada, às vezes corremos o risco de unicamente ouvir a fala do outro, e não conseguir realmente escutar nem a sua fala, nem o seu corpo, como ele se move, quando ele se imobiliza, e quando ele se cala.

Pois quando estamos realmente atentos e envolvidos com o outro, seguramente conseguimos descobrir que esse corpo, essa pessoa, está a nos querer dizer algo, mesmo quando se encontra em silêncio.

Outro aprendizado que data dessa época foi o de perceber que havia colegas que dominavam a língua, que falavam mais do que outras, mesmo que elas também a dominassem.

Hoje, essa descoberta volta no meu corpo de educadora, nos momentos de formação do professor quando me deparo com corpos de professores que não param de falar nas reuniões pedagógicas, e outros que nada falam, nem nas reuniões nem fora delas.

Me pergunto então sobre a sua história de vida, sobre a sua caminhada no seu processo de aprender a falar e, ao mesmo tempo, de ter sido escutado.

Sempre imaginei e, algumas vezes, constatei que corpos que muito falam, às vezes quase sem poder parar para respirar... com medo de que o outro "pegue seu lugar de fala", seguramente, são corpos que foram muito pouco escutados, na sua história de se fazer gente.

Acredito que possivelmente seja a experiência de se saber ter sido escutada, quando fomos crianças, que nos possibilita autorizar a dar a fala ao outro, sem imaginar que esse gesto possa impedir a nossa vez de falar.

Voltei para o Brasil em 1981, com 32 anos. Casada e com dois filhos, um polonês e o outro americano. Dado significativo, voltei para São Paulo, e não para o Recife.

Após tantos anos vivendo fora do meu país, intuitivamente imaginava que não seria um processo fácil o regresso. Sobretudo porque, quando regressei, eu tinha vivido muito mais anos fora do que dentro do Brasil.

Naquela época eu imaginava que possivelmente seria só mais um processo de readaptação.

Doce ilusão, além de não ter sido fácil foi um processo extremamente difícil, penoso e doloroso, e foram necessários vários anos para eu poder realmente me sentir de volta ao e no meu país.

Foram longos anos me perguntando onde era minha casa.

E, se ela existia, em qual dos países vividos ela estaria?

Sensação terrível de estranhamento, que dependendo da intensidade como é vivida pode fazer estragos profundos na sua forma de estar presente no mundo.

Essa experiência de estranhamento, de não saber se eu era mesmo daqui, ou não era — e se não era, de onde então eu poderia ser... — que invadiu o meu corpo na volta do exílio, me fez perceber a importância de um corpo se sentir "eixado" no mundo ou "flutuante" nele.

O que chamo de corpo "eixado" é um corpo que está organizado tanto num tempo que lhe é próprio, quanto no espaço ao qual pertence. Essa organização espaçotemporal permite a construção de ações organizadas, que por sua vez me permitem localizar os diferentes lugares que posso ocupar nos diferentes espaços que fazem parte tanto da minha vida, no sentido amplo, quanto do meu cotidiano, no sentido mais restrito. Essas são sensações características que um corpo pode sentir quando se sente pertencido a um lugar.

Me pergunto então...

E o que poderia ser um "corpo flutuante"?

Tenho uma imagem muito forte para descrever esse tipo de corpo, que é aquele corpo que se percebe a flutuar tanto no tempo quanto no espaço. Ou seja, é como se não houvesse nem a percepção de um tempo próprio nem a apropriação do seu próprio espaço. Dessa forma ele (corpo) não se sente, não se percebe eixado.

Foi dessa forma que me senti ao voltar para o meu próprio país, um corpo flutuante.

Foram necessários alguns anos para eu me tornar um corpo eixado, um corpo que, mesmo sabendo de onde tinha vindo, já não mais sabia a onde pertencia. Foram necessários alguns anos para eu encontrar o meu eixo, a minha verticalidade no mundo, para que eu pudesse me arriscar na vivência da minha horizontalidade.

Descobri também que existem corpos que podem se transformar em corpos flutuantes, não eixados, por outras razões que não a provocada pelo sofrimento de ter vivenciado uma experiência de exílio. Podem se transformar em corpos flutuantes por nunca lhes ter sido possibilitada a vivência de ocupar o seu próprio lugar, de ter o seu próprio espaço, tanto na sua vida quanto na vida do outro.

Essa minha experiência passou a fazer parte da minha forma de construir formas de formar com os educadores com os quais trabalho. Gosto de saber a história de vida de cada corpo.

De poder pesquisar junto ao professor qual tipo de corpo ele possui ou já possuiu.

Um corpo eixado, ou um corpo deseixado, flutuante?

Passei a contar nos dedos (às vezes quase de forma doentia) os anos que me faltavam para estar a viver mais dentro do que fora do meu país.

A cada ano vivido eu ficava feliz...

Só atingi essa meta 27 anos atrás. Ou seja, em 1996, justo o ano da morte do meu pai.

Contudo, fico feliz de ter tido o privilégio de ainda ter vivido esses 27 anos da minha vida com ele vivo, e no Brasil.

Não sei se poderia descrever a intensidade e o sofrimento que pode sentir um corpo quando se percebe solto no ar, ao sentir, ver e perceber que suas raízes foram arrancadas, e se encontram como se estivessem dependuradas na sua frente, a dançar.

Sensação por demais angustiante.

O sentimento de estranhamento ao me perceber estrangeira no meu próprio país foi muito mais doloroso do que quando me senti estrangeira em países que sabia que não eram o meu.

Ainda hoje, me pergunto se poderia ter me sentido menos estranha caso, após todos esses anos de exílio, tivesse voltado para viver no Recife e não em São Paulo.

Infelizmente nunca saberei.

Levei muitos anos para parar de escutar a pergunta curiosa das pessoas quando eu falava e imediatamente me perguntavam: de onde mesmo você é?

Não existe resposta mais dolorosa a ser dada quando você é do lugar, e o outro pensa que você não é!

Contudo, à medida que os anos de estar de volta foram se passando, esse tipo de pergunta foi diminuindo. Essa pergunta, de certa forma, funcionou durante alguns anos como indicador de leitura importante para mim, já que por meio dela eu media de certo modo minha reinserção na minha terra.

Hoje, raramente me perguntam. Às vezes essa pergunta ainda aparece, mas já não me incomoda.

Rio e respondo simplesmente que deve ser porque tenho cinco línguas no corpo...

Um dos desafios penosos da época da volta foi o de conseguir emprego. Nunca tinha trabalhado no Brasil, nem sequer tinha carteira de trabalho.

Rapidamente resolvi o problema da carteira de trabalho, o que não consegui resolver tão rápido quanto gostaria foi o problema de encontrar um trabalho.

Passei um ano realizando entrevistas e estágios em diversas escolas de São Paulo, e não conseguia que nenhuma me aceitasse.

Lembro-me bem de que meu desespero era tal, que pensei inclusive em desistir da área e procurar emprego nas grandes empresas, como secretária bilíngue.

Estava realmente cansada das inúmeras tentativas, todas elas com resultados negativos.

Ocorreu um fato muito interessante em uma das últimas escolas onde estagiei, que me salvou a vida naquele momento.

A coordenadora que me entrevistou teve a generosidade e a coragem de realmente me dizer a razão da minha não possível contratação. O problema segundo ela era o meu currículo e, pasmem, a minha filiação.

No início não entendi muito bem, e cheguei a pensar que realmente havia algo de errado, pois eu tinha me esforçado em redigir meu currículo com muita precisão e detalhes.

Quanto à minha filiação, na minha fantasia ela poderia me "abrir portas" e não as fechar.

Quando perguntei o que tinha de errado no meu currículo, ela simplesmente me respondeu que ele não era compatível com o cargo de professora, e que eles não tinham, naquele momento, outro tipo de vaga.

Quanto à minha filiação, ela não entrou em detalhes. Eu não perguntei, porém imaginei que deveria ser muita responsabilidade para a escola ter como professora uma das filhas do educador Paulo Freire.

Foi só a partir desse momento que realmente percebi que estava fazendo a leitura errada da realidade na qual eu estava. Acreditava, naquele então, que quanto mais eu detalhasse meu currículo, mais chances eu teria de conseguir o emprego.

Doce ilusão, pois foi justamente o contrário.

Foi dessa forma que, a partir desse momento, reduzi meu currículo, minha experiência e todos os cursos nas diferentes universidades estrangeiras que tinha realizado... o que não dava para fazer era negar a minha filiação.

Bingo! A estratégia, por mais triste e desonesta que possa ter sido comigo mesma, funcionou!

Inscrevi-me em outro processo de seleção numa outra escola e, dessa vez, consegui que me contratassem.

Contudo, não como professora, mas como auxiliar de classe de uma primeira série do Ensino Fundamental. Lembro até hoje a alegria que invadiu o meu corpo quando me deram o resultado, que eu tinha sido aceita!!

Comecei como auxiliar de classe e, após três meses de trabalho, a professora de classe ficou gravemente doente e tive que substituí-la.

Resultado: quando ela voltou, a diretora da escola ofereceu outra classe para ela, pois infelizmente, ou felizmente, eu já estava de tal forma vinculada com os alunos e com os pais, que uma mudança naquele momento não seria aconselhável.

Permaneci, até o final do ano letivo, e fui então convidada para ocupar o lugar de coordenadora pedagógica da Educação Infantil.

Mais uma alegria enorme ao aceitar o convite e poder, dessa forma, viver o desafio de tentar pôr em prática todos os anos de estudo, de experiência e sonhos que trazia contidos no meu corpo.

Após dois anos de coordenação da Educação Infantil, fui convidada para ser uma das sócias da instituição.

Essa escola se chamava Colégio Poço do Visconde, que teve como sócia fundadora minha querida irmã de alma, Paulette Kreigner, hoje já falecida.

E foi assim que iniciei meu percurso de ser educadora no Brasil, mais especificamente em São Paulo, e não no Recife, onde teria gostado de ser.

Ao longo dos anos passei a ser Diretora Pedagógica, e ocupei esse lugar até o momento do fechamento da escola, em 1996, ao perder a Paulette, no mês de março, e o meu pai, no mês de maio do mesmo ano.

Foi nessa escola, e com todos aqueles que a constituíram, onde aprendi a fazer educação, onde aprendi a formar professores, onde aprendi a sonhar, onde aprendi a saber que muito pouco sabia e que podia cada vez saber mais.

Foi nessa escola onde descobri realmente a força e a potência do que significa fazer junto e com o outro, e jamais tentar fazer sozinha.

UMA VIDA MARCADA PELA EDUCAÇÃO

Foram anos de estudar, viver e reviver práticas pedagógicas que, por sua vez, transformaram todos nós que estávamos envolvidos e juntos naquela caminhada de aprender a fazer e a viver educação.

Era e foi uma caminhada de tentar fazer diferente, de criar espaços de aprendizagem e de criação de vínculos mais humanos e transformadores, tanto com os professores quanto com os alunos, funcionários e pais da escola.

Vivi 12 anos no chão desta escola.

Hoje estou segura de que esses 12 anos de felicidade vividos vêm se acoplar aos cinco anos vividos de também intensa felicidade na África.

Ao somar esses anos do percurso da minha vida, percebo que são exatamente os 17 anos de felicidade. Ainda hoje, me pergunto se não é mera coincidência que foram também 17 anos que vivi exilada.

Ainda trago no corpo uma saudade enorme que às vezes chega sem aviso prévio, como costumo dizer, e me agarra, e me convida para dançar. Saudade dos gritos e choros das crianças, das brigas dos adolescentes, que tinha que apartar e conversar, mas também da alegria e do afeto que envolviam a todos nós que ali trabalhávamos.

Saudade intensa das reuniões pedagógicas, das reuniões e conversas com professores e pais.

É uma saudade boa, gostosa e que me faz bem.

Seguramente por ser uma saudade de momentos tão importantes vividos na minha caminhada de tentar me fazer gente e educadora.

Reflexões oriundas do caminhar

Sobre o conceito de tempo em tempos pandêmicos

Interessante é constatar o quanto todos nós, quer queiramos ou não, fomos e ainda estamos sendo quase que obrigados a pensar/re-pensar, re-significar, re-criar um outro significado para a noção de tempo que poderíamos ter.

Sempre acreditei, sobretudo quando vivia uma vida avassaladora, corrida, na qual, de certa forma, eu era escrava do tempo, que *tempo* era *saber fazer*.

Contudo, percebo hoje que, naquele então, era um saber fazer para poder ganhar tempo, ter mais tempo! Ou seja, ainda continuava, de certa forma, a ser escrava do *tempo*.

Hoje, após estar há dois anos vivendo a imersão pandêmica, já não mais consigo me satisfazer com a definição acreditada/inventada do tempo, nascida da necessidade e do intuito de apaziguar meu corpo da triste sensação de ser escrava dele.

Hoje, acredito/invento que *tempo* é *sentir*.

Sentir o que desejo, para só assim poder continuar a desejar o que já tenho.

Sentir que existo, mas que, justamente por ter coragem de existir, ao mesmo tempo, re-existo na minha forma antiga de existir, sobretudo para na re-existência poder, de maneira amorosa, devolver a mim mesma a simplicidade curiosa e quase infantil do meu olhar e do meu sentir de criança.

Maneiras de estar no mundo que eu permiti que, do meu corpo, de certa forma, fossem arrancadas na embriagadora vida que vivia antes da pandemia!

Me dói um pouco o coração descobrir que tamanha transformação positiva possa ter advindo de algo tão destruidor/mortífero quanto a pandemia.

Essa constatação me faz re-lembrar o quanto na morte está presente a vida, ou, dito de outra forma, vida é possibilidade de morte, e morte é possibilidade de vida.

Tempo é sentir mais do que nunca o presente para poder alimentar e enriquecer minha capacidade de sonhar, sobretudo de sonhar um mundo mais justo, mais humano, onde todos nós possamos ser/estar/estando.

Ser/estar/estando, sem pressa, sem expectativas a serem correspondidas, ou alcançadas, mas sim com esperanças, sem covardia e com uma boa dose de coragem de olhar de frente para a feiura do mundo, e sua desigualdade social, e buscar/brigar/propor/re-construir a boniteza dele.

Tempo de estar estando realmente presentes na e com a nossa inteireza.

Há tempos em que já não mais sabemos estar.

Estar simplesmente estando, até para podermos ter coragem de não querer estar.

Estar conosco mesmos, para poder estar com o outro.

Acredito que a nossa capacidade de estar é educada, é trabalhada ao longo do percurso de vida, ou apesar do percurso de vida de cada um de nós.

Aprendemos a estar quando temos o privilégio, no nosso percurso, de ser gente, de poder sentir o estar do outro conosco.

Nossa capacidade de aprendizagem é infinita, pois acredito que ninguém nasce pronto, completo.

Nós sempre estamos constantemente nos fazendo e re-fazendo. Imagino que para estar realmente presente com o outro precisamos vivenciar a experiência de uma certa intimidade conosco mesmos. Sem intimidade consigo próprio, acredito eu, é muito difícil, para não dizer quase impossível, estar realmente com o outro.

É sempre bom lembrar também que, sem uma certa intimidade consigo próprio, todo e qualquer aprendizado de escutar e perguntar sobre as coisas do mundo e das pessoas pode se encontrar empobrecido.

Tempo é sentir... é me deixar sentir, sendo desafiada a não possuir nem nutrir re-sentimentos por aquilo que fui e pelo que não tive coragem ou não pude ser, pelo que não pude ter, pelo que não pude construir e, principalmente, por todas as vezes que não fui capaz de sustentar o meu próprio desejo de ser mais gente, como também o meu medo, como da maioria de nós mulheres, de desejar e de ser objeto do desejo do outro. Não ter re-sentimentos das vezes que me permiti deixar de ser.

Tempo é poder sentir minha infância desfilando na passarela e me tirando para dançar, eu e minha sombra, um frevo endiabrado, alucinado, que só existe no Recife.

Tempo que me faz sentir que não preciso desejar ter tempo... que não preciso mais sair por aí, desvairada, alucinada, sem nem mesmo saber para onde ia e, pior ainda, por que ia nesta ou em outra direção. Imagino eu que o importante era ir... era estar sempre indo, a direção talvez não fosse tão importante.

Tempo é sentir que tenho um tempo que é só meu. Um tempo que pulsa vida, para poder até ter a possibilidade de poder pulsar morte.

Que tenho um tempo de rir com o riso que só quem ainda é criança tem, quando, de surpresa, ganha um presente, ou ganha a visita inesperada de um amigo.

Que tenho um tempo que grita a dor contida, por não poder ter sido chorada, mostrada, portanto, configurada/significada.

Que tenho um tempo que ainda chora dentro de mim, por ter sido expelida do ventre da minha mãe, porém que me possibilita ser cada vez mais eu mesma, pelo simples fato de ter sido expelida para fora dele.

Tempo que me faz sentir todos os dias que estou/sigo viva na minha alegria tanto quanto na minha tristeza.

Tempo que me faz entrar em contato com a minha perdição, nos meus encontros e des-encontros, nas minhas coerências/incoerências.

Tempo que me anuncia/denuncia o quanto ando perdida e ao mesmo tempo tão achada/eixada, no que quero, no que sonho, no que desejo ainda realizar viver, nos meus 74 anos de vida de menina.

Tempo que me faz sentir minha amorosidade e meu constante encantamento espantado do mundo e pelo mundo, como também minha raiva e minha indignação por vivermos ainda em pleno século XXI com tanta feiura e desumanização com e no mundo.

Processo de formação

No processo de formação do educador, é fundamental que o coordenador aprenda e se exercite na leitura tanto do corpo do professor quanto da sua forma de vivenciar o seu fazer pedagógico.

É interessante estar atento ao corpo do professor, no que diz respeito a seus movimentos, sua forma de estar com os alunos, sua forma de olhar e sua forma de dar devoluções para os alunos.

Outro aspecto importante é o coordenador estar atento quanto à forma como o professor organiza seu espaço sala de aula. Esse aspecto é importante, pois todos nós sabemos, ou já descobrimos, que os espaços falam.

É interessante estarmos atentos à forma como distribuímos e organizamos os materiais de uso cotidiano das crianças em sala de aula. Pedimos a ajuda das crianças na forma como podemos organizar os materiais que usamos? Às vezes me chama muito a atenção o fato de que somos muitos poucos aqueles que implicamos as crianças na organização da sala de aula. Nós organizamos por elas, e não com elas. Acredito que talvez não imaginamos que essa nossa forma de atuar pode retardar o aprendizado, da criança ou do jovem, de organizar suas coisas e, sobretudo, de descobrir sua forma própria de se organizar.

Na minha caminhada de ocupar o lugar de coordenadora, aprendi a ler a forma de cada professor de se organizar no tempo e no espaço, realizando as reuniões individuais de acompanhamento na sua própria sala de aula. Outro aspecto enriquecedor dessa forma de se trabalhar é o de que você tem a possibilidade de perceber como o professor recebe você, como ele se sente confortável, ou não, no espaço sala de aula, com a sua presença.

É interessante, porque dependendo da forma como ele(a) o recebe, fica visível o quanto o professor está ou não apropriado do seu espaço sala de aula. O quanto ele conseguiu habitá-lo e marcá-lo, em conjunto com os alunos.

Outra experiência muito rica é a possibilidade de realizar observações de aula dos professores.

Sempre acreditei que o ato de observar está atrelado ao aprendizado do ato de olhar. Ao mesmo tempo, não podemos esquecer que essas duas posturas, forçosamente, por sua vez, requerem uma terceira: o aprendizado do tomar distância dos fazeres, dos fatos e das pessoas.

Quando me refiro a tomar distância, quero dizer que é pelo viés da tomada de distância que posso contemplar o que olho, que posso contemplar o que faço, que posso me distanciar do que acontece e que posso tomar distância das pessoas para poder estar próxima, e não "grudada".

Não podemos esquecer que a sala de aula é um lugar sagrado. Ou pelo menos deveria ser, eu pelo menos assim o considero.

Dessa forma, coordenador não deve entrar em sala de aula para observar o fazer pedagógico do professor, se não tem a autorização dele.

Tem-se que pedir licença para se entrar em lugares que são sagrados.

Acredito que o processo de observação da prática pedagógica é importante tanto para o coordenador que observa como para o professor que é observado. Quando o coordenador observa a atuação do professor, ele tem a possibilidade de reconhecer no fazer pedagógico do professor que ele está a formar o que do seu próprio fazer foi recriado no fazer do professor. E o professor, por sua vez, ao ser observado por aquele que o forma, tem a possibilidade de ter uma devolutiva do quanto o seu fazer pedagógico está coerente com o seu processo formativo.

Esse é um momento pedagógico muito rico para ambos, pois possibilita a educação do olhar dos dois. O coordenador deve discutir com o professor o roteiro de observação que ele elaborou, e o professor, por sua vez, deve apresentar ao coordenador quais aspectos do seu fazer pedagógico ele acredita que necessitam ser observados.

Acredito que esta é uma forma possível de se viver pedagogicamente a observação de aula do professor, sem que ele sinta no seu corpo que está sendo "vigiado" ou "controlado". Dito de uma outra maneira, o processo de observação, vivido dessa forma metodológica, não tem como objetivo localizar o erro do professor, mas o de consolidar o que ele já sabe, como ele vive na prática o seu fazer pedagógico e o quanto já tem se apropriado de uma postura humanizante de educação.

Ao mesmo tempo, o processo de observação também tem como objetivo localizar quais ainda são os possíveis distanciamentos metodológicos do fazer pedagógico do professor que o distanciam de uma postura humanizadora de educação.

Ao longo do meu trabalho de assessorar pedagogicamente várias escolas, descobri que, na maioria delas, os professores têm que dividir a sala de aula com uma outra turma de turno diferente.

Essa experiência pode ser muito rica para desenvolver um possível projeto de socialização com os alunos, de trocas de experiências entre as duas classes. Esse pode ser um bom pretexto para se trabalhar a curiosidade dos alunos sobre o outro grupo que ocupa a mesma sala que eles. E, dependendo da faixa etária, seria um bom motivo de exercitar o ato de elaborar bilhetes, ou pequenas cartas. Um belo momento para se trabalhar o processo de como nos comunicamos com o outro e, ao mesmo tempo, possibilitar o aprendizado do ato de ser curioso.

E como podemos fazer?

Acredito que todo e qualquer processo de aprender a ser curioso se ancora no aprendizado do ato de perguntar. Contudo, infelizmente ainda em muitas das nossas salas de aula, sabemos que esse tipo de aprendizado é muito pouco incentivado. Na maioria das vezes, indevidamente pomos a "culpa" nos nossos professores, por não incentivarem esse aprendizado. Ao termos essa atitude, estamos sendo soberanamente injustos com eles, pois nós só ensinamos aquilo que já sabemos. Costumo afirmar que ponho para fora do meu corpo aquilo que tenho dentro de mim. Portanto, como posso ensinar, como posso estimular os alunos a que sejam curiosos e perguntadores se eu própria enquanto pessoa não o sou, se não tive a oportunidade de poder ser curiosa, de poder exercitar a minha curiosidade de fazer perguntas, ao longo da minha trajetória de vida?

O ato de se vincular

Toda e qualquer relação se dá mediante uma construção vincular. É interessante perceber que, ao nos relacionarmos com as pessoas, nós construímos vínculos.

Dessa forma, nossa história é traçada por todos os vínculos afetivos construídos ao longo do nosso percurso de nos fazermos gente.

O educador constrói o vínculo pedagógico-afetivo quando se relaciona com o seu aluno em sala de aula ou fora dela.

Sempre acreditei que o que dá o tom da relação é a forma como nós nos vinculamos.

Talvez seja por essa razão que como educadora percebo que a grande maioria dos professores, ao se referirem ao vínculo construído dentro de sala de aula com os alunos, equivocadamente o denomina de vínculo afetivo pedagógico.

O que sustenta e dá a base da relação vincular entre professor e aluno não é o adjetivo afetivo, mas sim o substantivo pedagógico.

Pedagógico este vivido e experienciado com uma profunda afetividade e amorosidade pelo professor, possibilitando que o aluno, dessa forma, sinta-se olhado, cuidado, percebido e aceito.

Pichon-Rivière, no seu livro *Teoria do vínculo*, deixa muito explícito o fato de que a cada grupo de pertencimento corresponde um tipo diferente de vínculo.

Dessa forma, o vínculo específico da família é o vínculo afetivo; o tipo de vínculo específico de sala de aula na escola é o pedagógico; e no trabalho é o vínculo profissional.

Às vezes, em alguns locais de trabalho, encontramos o mesmo equívoco de conceituação vincular que encontramos nos ambientes escolares.

Quero dizer, com essa afirmação, que o que sustenta, o que dá a base da relação profissional, é o vínculo profissional afetivo e não o vínculo afetivo profissional.

Como educadora formadora, sempre fico atenta para perceber, sentir a maneira como o coordenador pode estar a se relacionar com os professores que ele forma e coordena.

Às vezes penso que muitos coordenadores vivem no corpo uma dicotomia, muito dolorosa, que é a de imaginar que podem se relacionar sem se vincular.

Levei um certo tempo para entender que talvez o que podia estar por trás deste pensar/sentir, dicotômico, fosse uma apreensão ou um medo de nos misturarmos com o professor quando construímos um vínculo com ele.

Levei também um certo tempo para entender que o processo de se misturar acontece quando o educador não sustenta o seu lugar. Não é o afeto ou a sua afetividade que faz com que ele possa se misturar. Mas sim a não sustentação do seu lugar. A não sustentação da sua autoridade. A não sustentação da sua verticalidade na ocupação do seu lugar.

Portanto, o desafio que aqui se coloca é o de como posso construir um vínculo profissional afetivo com os professores quando vivemos o processo de formação.

Meu vínculo profissional necessariamente não precisa ser frio, impessoal e distante para ser profissional. Posso construir vínculos profissionais, afetivos, posso me sentir próxima do professor a quem formo e assessoro sem, contudo, me misturar com ele.

Às vezes descubro que aqueles corpos que têm um medo maior de se misturar com o outro são justamente aqueles que se misturam com maior facilidade.

Creio que aqueles profissionais que acreditam que podem separar sua forma de ser gente da sua forma de ser profissional são mais do que profissionais... são exímios malabaristas! Eu nunca consegui até hoje.

Se optei por uma educação transformadora, uma educação humanizadora, não tenho por que ter medo de expressar meus sentimentos e minha afetividade.

Se eu não tenho coragem de demonstrar, para o profissional com o qual me relaciono na minha ocupação do lugar de ser "chefe" dele, que lhe quero bem, que ele é importante para mim, estou a ir contra os valores de uma educação humanizadora que acredita em uma postura amorosa na forma de se relacionar com o outro.

Se transpormos essa forma de atuar para o chão da sala de aula, podemos enquanto professores nos perguntar: como estamos a viver a nossa afetividade e a expressão dos nossos sentimentos?

Acredito sobretudo que talvez possa ser um desafio interessante para o professor, não importa com qual faixa etária esteja a trabalhar, de se permitir perguntar como pode educar a sua emoção para poder viver a sua afetividade em relação aos seus alunos, sem grandes exageros, ou sem grandes viscosidades.

No caso de um professor que trabalha, por exemplo, com a educação infantil, é importante que ele possa se sentir à vontade em expressar seu querer bem, seu cuidado com e pelas crianças, sem necessitar o tempo todo estar com elas no colo, ou beijando-as e abraçando-as.

Tem muita criança que pode não gostar de ser tocada, ou abraçada, a toda hora e não consegue dizer ou expressar esse sentimento.

No caso de um professor que trabalha, por exemplo, com crianças maiores, já sejam do Ensino Fundamental I ou II, é importante, por sua vez, ter um certo cuidado de não imaginar que, por já serem maiores, não necessitam ou não gostam de receber demonstrações de querer bem ou de cuidado por parte do professor.

O importante é criar um espaço de continência no grupo com as crianças, independentemente da idade que possam ter, para que cada uma possa aprender não só a expressar seus sentimentos como também a se sentir segura em poder demonstrá-los.

Não importa se os sentimentos são de alegria, raiva, medo, insegurança ou agressividade. É podendo expressar o que sinto que aprendo a expressar os meus sentimentos, de forma respeitosa em relação a mim mesmo e também em relação ao outro.

O mesmo procedimento acontece com o professor. Ou seja, tanto o professor quanto os alunos aprendem a educar suas emoções, tendo a coragem de expressarem seus sentimentos.

Acredito que o grande desafio no caminhar do professor que escolheu caminhar na direção da educação humanizante é saber, reconhecer e aceitar que ele não controla seus sentimentos nem as suas emoções.

Contudo, ele pode pensar, refletir por que determinados fatos geram no seu corpo determinados sentimentos, para que, dessa forma, possa tomar distância do sentimento sentido, para poder entender por que pode estar a atuar de determinada maneira.

Esse movimento, de entender o porquê de determinados afetos atravessarem nossos corpos e outros não, é o que chamo de educar a nossa emoção.

Como educadora, acredito realmente que é fundamental o aprendizado do exercício de educar a nossa emoção, porque não podemos medi-la, não podemos controlá-la nem muito menos entendê-la... nós só conseguimos senti-la. É por essa razão que costumo dizer que corpos emocionalmente mal-educados são corpos que atuam de forma desorganizada, atropelada.

Acredito que corpo organizado possibilita, por sua vez, um tipo de pensamento organizado. Já o corpo que se encontra desorganizado pela emoção pensa de forma desorganizada.

Na minha compreensão, vínculo e relação não são sinônimos. É através da experiência de me relacionar com o outro que sou capaz de construir vínculos com ele.

Por sua vez, a forma como nos relacionamos com os outros, de uma maneira ou de outra, diz da forma de como nós quando ainda crianças fomos vinculados ou nos sentimos vinculados ao mundo, às coisas e, sobretudo, às pessoas.

Podemos construir diferentes tipos de vínculos com as pessoas com as quais nos relacionamos. Desde vínculos positivos até negativos, ou sadios e não sadios.

Ao mesmo tempo, podemos apresentar uma grande dificuldade de nos vincularmos.

Contudo, o mais importante é perceber que sempre estamos a nos vincular, e o não se vincular não deixa de ser em si uma forma de se vincular.

Conhecimento e sensibilidade na prática educativa

Gosto de pensar por pares e este par, Conhecimento e Sensibilidade, é por demais gostoso e desafiante. Digo isso porque na maioria das vezes a nossa tendência como educadores que somos, ou tentamos ser, é a de pensarmos de forma estanque sobre os conceitos, ou seja, pensamos de forma monoconceitual.

Esquecemos que podemos brincar alegremente com eles e, dessa forma, descobrir as possíveis interseções que podem existir entre os conceitos. Seria como brincar de pôr os conceitos para namorar.

Por exemplo, frente a estes dois conceitos: Conhecimento e Sensibilidade.

O que podemos dizer dos dois juntos?

Quais resultados teremos se pensarmos nos dois de forma separada?

Da mesma forma, é importante também nos perguntarmos: a qual concepção de educação interessa que se pense nesses dois conceitos de forma separada?

Ao longo do meu percurso como educadora, venho refletindo sobre a necessidade de se trabalhar o lugar que a sensibilidade ocupa na construção do conhecimento quando estou formando educadores.

A primeira pergunta que me vem é: de qual sensibilidade estamos a falar?

Essa sensibilidade tem a ver com aceitarmos que também somos seres desejantes, e não unicamente seres pensantes.

E que, como seres desejantes que somos, temos raivas, ódios, paixões, sonhos, que fazem parte do nosso ser e que interferem, portanto, na forma como aprendemos e construímos conhecimento.

Para mim, fica claro que essa sensibilidade diz respeito também a sermos capazes de pensarmos no outro, de levar em consideração o seu processo, quando ensino e aprendo, construindo conhecimento com ele.

Na nossa prática cotidiana de sala de aula, às vezes imaginamos, pela forma como fomos formados/deformados, que não existe lugar para essa sensibilidade, tanto no ato de aprender como no de ensinar, ou simplesmente na nossa forma de dar aula.

Simplesmente esquecemos que um dos desafios mais importantes para os professores/educadores de hoje é o de serem capazes de educar a sua emoção. E, quem fala de educar a emoção, fala de ter sensibilidade para estar atento ao seu próprio sentir, para poder estar em contato, e aceitar a forma de sentir do outro, a quem educa e por quem, por sua vez, também é educado.

É interessante perceber o quanto aprendemos melhor e de forma mais intensa quando somos sensibilizados a nos permitirmos entrar em contato de maneira generosa com o nosso não saber, sem ter medo, contudo, de permanecermos nele.

Acredito que a grande fantasia que nos dificulta entrar em contato com o nosso não saber é justamente esta: o medo de permanecermos presos nele.

Por sua vez, esse medo de permanecermos presos no nosso não saber, de certa maneira, está vinculado à forma, ao como somos incentivados a viver essa experiência.

Fico então me perguntando: em que momento das nossas práticas educativas com os nossos alunos ousamos falar sobre esses assuntos?

Temos a ousadia, a generosidade e a sensibilidade de falarmos dos nossos medos, medos estes que talvez, na sua grande maioria, sejam também os medos deles?

Pensar conhecimento e sensibilidade de forma integrada e interligada tem a ver com esses aspectos. Aspectos estes em que, a cada dia, acredito que devemos insistir mais e mais para que estejam presentes nos corpos dos nossos educadores.

Não podemos falar da relação entre Conhecimento e Sensibilidade sem assinalar a importância do ato de escutar o outro.

Contudo, não podemos esquecer que o ato de escutar o outro passa, antes de tudo e qualquer coisa, pelo aprendizado do ato de nos escutar.

Acredito que o aprendizado do ato de nos escutar está relacionado com uma certa intimidade que possamos ter com a experiência do silêncio. Com a experiência de sermos capazes de nos recolhermos conosco mesmos. Esse aprender a estar consigo próprio, nos dias de hoje, não é uma experiência nem fácil nem frequente nas nossas vidas.

O ritmo acelerado e desumano que vivemos, de certa forma, nos dificulta muito esse processo de aprendizagem. Com a falta de tempo, na qual a grande maioria de nós está imersa, não resta tempo para termos tempo para nós. E, infelizmente, como resultado desse processo, sofremos cada vez com maior intensidade o distanciamento de nós mesmos. E estar distante de si próprio acarreta, por sua vez, uma dificuldade de aprender a criar uma certa intimidade consigo.

Sem intimidade e sem experiência de vivência de silêncio, a nossa capacidade de escuta do outro é frágil e passa, portanto, a não ser tão presente nas nossas práticas pedagógicas.

A escolha da escola: o que esse momento representa para os pais?

Gostaria de iniciar minha fala socializando com todos vocês a minha alegria de estar aqui, alegria que se mistura, ao mesmo tempo, com uma certa apreensão e uma certa curiosidade de poder trocar conhecimentos com vocês, como também de poder ensinar algo, e sobretudo aprender com a experiência de vocês.

Digo ensinar algo porque nós sempre ensinamos coisas aos outros. No entanto, às vezes tenho a impressão de que nem sempre estamos tão abertos para aprender com aqueles a quem ensinamos.

Sempre costumo preambular antes de começar realmente a falar sobre o assunto que está em pauta na conversa. Talvez seja essa uma necessidade que sinto por gostar de falar com as pessoas e não unicamente falar para as pessoas? É como se o "falar com" pedisse um preâmbulo, um namoro prévio, um aproximar-me de vocês.

Dessa forma, gostaria de falar um pouco sobre a nossa função de ser educadores. Digo nossa porque todos nós que aqui estamos somos educadores. Podemos, no entanto, fazer algumas considerações sobre a forma de como estamos sendo educadores, de como estamos a viver essa experiência de sermos, ou de tentarmos ser, educadores.

Gosto de relacionar o ato de educar ao ato de ocupar um determinado lugar para o outro.

Ou seja, aquele que educa se põe como modelo para o outro. É justamente a forma de ocupar esse lugar que vai fazer a diferença entre um pai/mãe educador e um professor/educador.

Isso porque pai e mãe ocupam o lugar de educadores não enquanto profissionais da área, ou seja, não fizeram essa opção profissional. Ocupam os seus lugares de educadores. Como costumo chamar, enquanto "educadores não profissionais".

Já um professor ou um coordenador ocupam o lugar de educadores de forma profissional por terem escolhido o exercício dessa profissão.

Faço essa diferença para podermos entender o quanto às vezes nós nos confundimos e ocupamos de forma indevida o lugar de professor com nossos filhos.

Vocês já imaginaram o "curto" que pode dar no corpo da criatura quando uma mãe ou um pai inventa de viver a sua função de ser educador de forma profissional com o seu filho?

Para não falar de quando é a vez do professor, quando ele(a) inventa de viver a sua relação de educador(a) com o(a) seu(sua) aluno(a) de forma não profissional.

Acredito que aqueles que são pais, e ao mesmo tempo escolheram a profissão de educadores, sofrem mais com essa situação.

Pode ser mais difícil tentar viver essa simultaneidade de forma equilibrada, já seja em casa enquanto pai ou mãe e, sobretudo, na escola do filho. Poucas somos aquelas que, sendo educadoras por opção profissional, conseguimos ocupar o lugar de mãe quando somos convidadas a comparecer na escola do(a) nosso(a) filho(a).

Estou segura de que as mais variadas perguntas devem assolar o corpo de todos nós quando nos perguntamos sobre a escolha da escola dos nossos filhos.

Perguntas tais como:

Será que sou capaz de escolher uma boa escola para o meu filho?

O que é uma boa escola para a nossa família?

Será que é aquela que é a mais perto da minha casa?

Será que é aquela que dá lição de casa todos os dias?

Será que é aquela que põe os limites que não estou conseguindo pôr?

Será que a mesma escola serve para todos os meus filhos?

Será que essa escola prepara o meu filho para passar no vestibular?

Será que essa escola prepara o meu filho para o mercado de trabalho?

Será que essa escola tem os mesmos valores da nossa família?

Como vocês percebem, poderíamos ainda levantar muito mais perguntas.

Contudo, essas que foram levantadas já são suficientes para nos dar a noção de que essa escolha não é uma tarefa fácil para a grande maioria dos pais.

Acredito, no entanto, que o fundamental, nessa situação, é percebermos que talvez o mais importante, no momento da escolha da escola para os nossos filhos, seja respondermos à pergunta de o que enquanto pais acreditamos que possa ser o melhor para eles.

Porém, também é importante termos a coragem de escutar o que os nossos filhos pensam e desejam para eles próprios, claro que guardando aqui as devidas proporções concernentes às diferentes faixas etárias em que eles possam estar.

É nesse sentido que o momento de escolha da escola possibilita aos pais entrarem em contato com os seus valores e a se perguntarem sobre qual é a cultura da sua família.

Digo isso porque todos sabemos que, da mesma forma como cada escola tem sua cultura, cada família também tem a sua.

E, no entanto, no cotidiano e na correria, nós não nos damos conta, de forma consciente, de quais são os valores que nos guiam, que determinam nossas ações, e aí talvez possamos fazer uma escolha equivocada de escola.

É por essa razão que o momento dessa escolha representa um momento de parada dos pais, para que possam, levando em consideração a faixa etária dos filhos, ter um diálogo com toda a família.

Normalmente, a escolha de escola e o acompanhamento da vida escolar dos filhos sempre foram socialmente percebidos como funções das mulheres, das mães. De certa forma, nós reclamamos, dizemos que estamos sobrecarregadas..., mas, às vezes penso que talvez nós, mães/ /mulheres, gostamos dessa sobrecarga e não queremos renunciar a ela.

Talvez porque, de certa maneira, esse poder de escolha nos faz sentir poderosas, apesar de sobrecarregadas?

Felizmente, hoje já existem muitos homens, pais, que se ocupam e acompanham o processo educacional dos filhos.

Às vezes tenho dúvidas se são os homens que não querem saber, ou nós que não permitimos que eles se envolvam.

Quando abrimos mão e pedimos ajuda e participação, às vezes é mais por estarmos cansadas e sobrecarregadas do que realmente um pedido de parceria. Imagino que eles sentem e percebem essa nossa postura.

Como educadora, sempre acreditei que existem aspectos de continuidade e de descontinuidades entre a escola e a família.

Os valores de certa forma representam um dos aspectos de continuidade entre a escola e a família. Assim, quando escolho uma escola, de certo modo o faço porque os valores que ela enquanto escola veicula representam uma certa continuidade com os valores da minha família.

Daí a importância da participação no momento da escolha, não só do casal, como também a dos filhos, dependendo da faixa etária deles.

Podemos nos perguntar: qual é a importância desse momento?

Esse momento de escolha é importante porque a escola é uma instituição simbólica que cria significados e, ao mesmo tempo, é responsável pela formação secundária dos nossos filhos.

É essa formação secundária que possibilita o aprendizado de serem seres sociais.

É por essa razão que dizemos que a função social da escola é fundamental, já que ela é responsável pelo processo de socialização secundária do aluno. Já a família, por sua vez, é responsável pelo processo primário de socialização das crianças.

Atualmente, o problema que enfrentamos é a confusão no exercício da compreensão e na vivência dessas funções, tanto pela escola quanto pela família.

É frequentando a escola que aprendemos a ser seres sociais, a viver em grupo, a nos submeter às regras do coletivo, a cooperar, a dividir e a ser solidários com o outro.

Outra experiência rica que a escola possibilita à criança é a descoberta de que ela não é vista, nem percebida, da mesma forma como ela o é na sua casa.

Esse aspecto é um exemplo do que chamo de descontinuidade entre a escola e a família.

Nesse sentido, a escola oferece uma possibilidade de vivência em grupo, diferente daquela que existe na família.

O que isso pode significar? O que muda?

O que muda é a possibilidade de os nossos filhos assumirem papéis diferentes dos que assumem no grupo familiar. Isso porque os papéis no grupo familiar são quase que fixos, sendo muito mais difícil para a criança ocupar um lugar diferente dentro dele.

O que já não acontece da mesma forma na escola, no seu grupo classe.

No grupo classe, os papéis podem ser rodiziados entre as pessoas que constituem o grupo.

Outro aspecto importante é a possibilidade de a criança entrar em contato com outros discursos estruturantes no seu processo de crescimento. Não podemos esquecer que os professores ocupam um lugar importante e de destaque no percurso de vida dos nossos filhos. Na verdade, eles ocupam o segundo lugar, já que o primeiro é do pai e da mãe, ou de outras pessoas que possam ocupar esses lugares.

Esperanças na educação

Como costumo dizer, gosto de brincar com as palavras, como também gosto de inventar palavras, quando as que já conheço não conseguem expressar o que sinto, ou o que quero dizer.

Quando digo brincar, é no bom sentido da palavra, é no sentido sério que tem o ato em si.

Sempre me espanto quando constato que só as crianças e os adultos que ainda conseguem permanecer na sua infância consideram que o brincar é uma coisa séria.

Nossa conversa tem como título "Esperanças na educação".

Começo então socializando com vocês como este título mexeu com e no meu corpo.

Posso dizer que de certa forma o título também brincou comigo.

Tenho percebido cada vez mais, ao longo da minha caminhada como educadora que sou, que a relação entre estes dois conceitos: o de educação e o de esperança, tem se tornado realmente necessária.

Poderíamos brincar ao relacionar esses dois conceitos, esperança e educação, e nos perguntar se pode existir o sentimento de esperança na educação, se nós como educadores não tivermos, não possuirmos esperança em nós mesmos enquanto seres pensantes e desejantes.

Acredito que essa é uma das formas possíveis de podermos desejar o processo de educar o outro em um processo que exale esperança na sua forma de ser vivido.

Nos imbuirmos de um sentimento de esperança que possa estar presente e, portanto, ser sentido pelos nossos alunos, na nossa prática, já seja nas escolas, nas universidades, na sala de aula, enfim, onde queira que exerçamos o ato de educar.

Na verdade, o que quero assinalar aqui é a importância de termos claro que a educação é um processo, e é processo justamente porque diz respeito a pessoas, portanto, diz respeito à Vida.

A seres humanos, que, apesar de serem "programados para aprender", não são, no entanto, seres determinados, portanto são capazes de mudar e interferir na realidade, e serem transformados por ela.

É essa dimensão de ser não determinado que faz com que possamos e, talvez até ouse dizer, devamos relacionar, correlacionar estes dois substantivos, esperança e educação.

Porque realmente, se não temos esperanças na nossa própria capacidade de sonhar, de amar, de desejar e de ser generoso com o outro, não poderemos ter esperanças na educação.

Isso porque um dos grandes desafios que estão postos para todos nós educadores nos dias de hoje é a nossa luta, para não perdermos a nossa capacidade de sonhar e de acreditar na liberdade.

Não existe mudança sem sonho, como não existe sonho sem desejo.

Educação é processo, justamente porque leva consigo o sonho da humanização, de cada um de nós e do outro.

É transformação, é compromisso, é ousar marcar o corpo do outro e, portanto, ser e se reconhecer responsável e coautor tanto das marcas deixadas quanto das marcadas.

Vincular a palavra esperança com educação hoje, para mim, é ter coragem de reconhecer um presente que vai se tornando cada vez mais intolerável, em razão do grau de injustiças e desigualdades sociais que ainda vivemos no nosso país e, ao mesmo tempo, a possibilidade do anúncio de um futuro que pode ser criado, construído, politicamente, esteticamente e eticamente, por todos e por cada um de nós.

Os "possíveis difíceis" que podemos encontrar na trajetória da educação têm a ver, uma parte, conosco mesmos, outra, com a realidade sociopolítica e econômica na qual estamos inseridos, e com a qual temos que lidar.

Nós, educadores, sobretudo os que estão dentro das escolas, mais especificamente nas salas de aula, sabemos que sofremos uma pressão muito grande, não só por parte das famílias, como também do sistema e da sociedade no sentido mais amplo.

No entanto, o mundo que surge hoje constitui ao mesmo tempo um grande desafio ao mundo da educação e uma oportunidade.

É um desafio, porque o universo de conhecimentos está sendo revolucionado tão profundamente, tornando o conhecimento algo quase que "descartável", e ninguém está perguntando à educação se ela quer se atualizar ou não.

Isso faz com que a necessidade de mudança hoje seja uma questão de sobrevivência, o que pode se configurar para mim como um dos "possíveis difíceis" da educação, e ele diz respeito a todos e a cada um de nós.

Mesmo assim, pode ser interessante assinalar que essa necessidade de mudança não virá das "autoridades", mas dos nossos próprios alunos e professores, cujos corpos não suportam mais tanta falta de significado e tanta desumanização nos seus processos de aprendizagem e tentativas de serem sujeitos, de serem cidadãos.

Cidadãos que sabem tanto das suas necessidades quanto das suas comunidades, cidadãos que sabem buscar as respostas aos problemas que vivem, que são criativos e são capazes de se organizar socialmente.

É com a convicção de que mudar é difícil, mas é possível, que temos que programar nossa ação político-pedagógica.

Outro "possível difícil", que estaria diretamente ligado ao aqui e agora de todos nós, é a nossa dificuldade em lidar com as nossas resistências, portanto, também com a resistência de todos aqueles a quem educamos.

Vejo hoje o processo de resistência como algo importante a ser trabalhado com os educadores em geral, porque tem a ver também com o ter, ou com o perder o poder.

Muitos de nós resistimos às mudanças porque ainda as vinculamos com a perda de poder, o que termina dificultando, e em muito, o processo de descentralização, ou o devido uso do poder, para que se possam criar espaços mais democráticos de gestão de uma prática que leve a todos e a cada um a se tornarem mais autônomos, e, portanto, mais compromissados e responsáveis pelo seu fazer político-pedagógico.

É interessante também perceber o quanto, na maioria das vezes, nós não percebemos a resistência enquanto momento do ato de aprender, portanto, de construir conhecimento.

Nossa tendência às vezes é a de percebermos o lado unicamente negativo, sem nos darmos conta de que ela, a resistência, é peça-chave no processo de aprendizagem, e que uma das tarefas mais difíceis do educador é justamente a de apreender o lado positivo do ato de resistir, quando este anuncia, denuncia uma questão de sobrevivência (resistência cultural/invasão cultural).

Na grande maioria dos grupos de formação com os quais tenho trabalhado, aqueles nos quais conseguimos os melhores resultados, por parte dos professores, foram justamente os que maior resistência apresentaram durante o seu processo de aprendizagem.

Outro "difícil possível" estaria ligado com a nossa própria formação, a importância que devemos dar ao desejo e a busca de uma melhor compreensão do exercício da nossa prática educativo-pedagógica.

Sobretudo do desejo de apropriação do nosso fazer pedagógico.

Como vivo minha prática?

Reflito sobre a forma de como a estou a exercitar?

Registro o que vivo e experiencio dentro de sala de aula para poder me apropriar do meu viver pedagógico?

Essas são perguntas importantes ligadas ao processo de formação do professor, as quais deveríamos sempre estar a ressignificar.

Acredito que toda e qualquer prática educativa implica sempre a existência de sujeitos.

Aquele que ensina e ao mesmo tempo aprende e reaprende o ensinado.

Aquele que, na posição de aprendiz, aprende o que não sabe e ensina o que já sabe e, dessa forma, reaprende o que já ensinou.

Mas para que essa dinâmica possa se instalar no chão da sala de aula, ambos precisam acreditar que têm com o que contribuir no processo de cada um.

É dessa forma que se instaura a construção do vínculo pedagógico educador/educando, mediados pelo conteúdo a ser conhecido, construído, apreendido para poder ser entendido, e jamais meramente ou simplesmente transmitido de um para o outro.

Entre o desejo de ser e o desejo de ser mais na educação

Considero que é sempre um privilégio, para educadores, pertencer a uma instituição que tem como prática o ato de compartilhar os conhecimentos e as experiências com e entre seus alunos.

Digo isso porque geralmente o que vejo, cada dia mais, são encontros sobre educação e não de educação, nos quais, na maioria das vezes, os professores/educadores entram mudos e saem calados, e não são considerados seres pensantes e desejantes.

Para mim, educação é vida, é sonho, é amor. E então me pergunto como posso estar viva, como posso sonhar e amar se não existe desejo no meu corpo.

Assinalo também que, na minha forma de sentir e perceber a vida, ela não existe fora das vivências e das brigas constantes pela conquista e construção dos inéditos viáveis, que de uma forma ou de outra nos constituem, estruturam as nossas formas de estar no e com o mundo, pois fazem parte da nossa história de vida.

Uma das condições para que o ato de educar possa ser um processo transformador e humanizante depende fundamentalmente da forma como o professor/educador se relaciona com o seu desejo pelo saber e pelo ato de ensinar/aprender.

UMA VIDA MARCADA PELA EDUCAÇÃO

Qual a postura curiosa, indagativa, desejante, que ele possui na sua relação com o saber e o ato de ensinar/aprender?

Imagino que caso ele não viva intensamente sua relação com o saber e com o aprender/ensinar, sem se permitir ser atravessado pelo seu desejo, estará unicamente transmitindo, passando conhecimentos e "brincando" de ensinar/aprender para e com os seus alunos.

Todos nós, educadores que acreditamos na educação como um processo de transformação, sabemos que conhecimentos não se passam, e que ensinar/aprender são processos de apropriação e descobertas de conhecimentos. Por conseguinte, exigem sujeitos da própria ação.

Conhecimentos se constroem, não se passam. Nós passamos roupas e transmitimos informações, mas não conhecimentos.

Quando a minha relação com o saber e com o ato de ensinar/aprender não se configura como uma relação desejante, estarei "transmitindo" a meus alunos que desejar não é algo que é importante quando eu construo a minha relação com o saber e quando eu aprendo/ensino.

Justamente por minha relação com o saber e o aprender/ensinar ser uma relação desejante, crítica e reflexiva, é que posso assumir o que já sei e o que aprendi/ensinei. É só quando assumo e me aproprio do que já sei que posso descobrir o que não sei e o que ainda não aprendi. É justamente a descoberta do meu não saber que me faz desejar saber mais do que já sei, aprender mais do que já aprendi, para poder ensinar aquilo que ainda não ensinei.

Quanto mais eu entro em contato com o meu saber, maior é a minha chance de localizar o meu não saber. Porém, se a forma de me relacionar com o saber não for uma forma desejante, simplesmente terei grande chance de negar o meu não saber, já seja por medo ou por vergonha.

Na verdade, sempre acreditei que o que mais pode marcar o corpo de um aluno no aprendizado da sua relação com o desejo, e na sua relação com o aprender, não é o desejo do professor, nem a "quantidade" do que ele sabe, mas sim a forma como ele deseja o seu desejo, e a forma como ele ensina, justamente por ser capaz de desejar.

É por isso que costumo dizer que quando estamos falando dos conteúdos com os nossos alunos, estamos sempre falando além deles. Engana-se aquele que imagina que só está a "ensinar" português ou matemática.

O mesmo acontece quando falamos ou quando escrevemos. Estamos sempre a dizer além do que estamos a falar e a comunicar além do que estamos a escrever.

Para mim sempre é muito importante, não só enquanto educadora que tento ser, mas também como pessoa, estar "entre" e "com" o outro. Estar entre e com o outro não deixa de ser uma forma de estar no mundo e com o mundo.

Quando me encontro no chão de sala de aula e quero construir um vínculo pedagógico/afetivo, e não um vínculo afetivo/pedagógico com o aluno, faz-se necessário que crie um "entre nós" que nos possibilite uma certa distância para não "me misturar" com o outro.

A existência dessa distância é importante para podermos nos perceber, ao mesmo tempo, iguais, mas diferentes.

Iguais por sermos seres humanos e diferentes por sermos singulares na nossa forma de ser de cada um de nós, como também na nossa forma de estar no e com o mundo, com o outro.

O "entre" existente na construção das relações com as pessoas, já sejam parentais, amorosas ou profissionais, é fundamental, já que ele, por sua vez, possibilita a distância necessária para que cada um ocupe o seu lugar na relação que está sendo construída.

Portanto, quanto mais eu ocupo o lugar de ser professor, mais eu possibilito que o aluno ocupe o lugar de aluno. E que cada um de nós aprenda o que significa ocupar esses lugares. O mesmo ocorre, de forma similar, na relação parental. Quanto mais pai e mãe ocupam seus lugares específicos, mais possibilitam que os(as) filhos(as) possam, por sua vez, ocupar os seus.

Acredito que a existência do distanciamento do "estar entre", quando eu me relaciono com as pessoas, possibilita o exercício da postura do ato de escutar. O ato de escutar e o ato de ouvir são duas atitudes muito diferentes.

Ouvir é um atributo do corpo, mais especificamente do nosso ouvido. Escutar é uma capacidade que se aprende e se exercita. A diferença do ato de ouvir com o ato de escutar é a de que o ato da escuta exige uma construção de significados para o que está sendo dito.

Percebo que atualmente todos nós vivenciamos de uma forma mais ou menos intensa a dificuldade de estarmos presentes quando estamos com o outro. Acredito que essa dificuldade possa estar atrelada a uma outra: a dificuldade de vivermos o presente, de simplesmente vivermos o aqui/agora de quando estamos com o outro.

Para poder estar presente no presente, é necessário estar presente em dois sentidos. Em um sentido psíquico do estar, e em um sentido físico/temporal do estar.

Quando digo no sentido psíquico, refiro-me à minha disponibilidade interna de estar entre e com o outro. Por sua vez, minha disponibilidade interna está relacionada ao "espaço vazio" que construo no meu corpo para poder estar com o outro. Quando me refiro ao sentido físico/temporal, quero dizer a necessidade de que o meu corpo esteja no tempo presente do aqui/agora do acontecer com o outro, para, dessa forma, poder possivelmente afetar o outro e ser afetado por ele.

Corpo que não vivencia a vida no presente, que se encontra constantemente "pré-vivendo o futuro" do que pode ou irá acontecer, é um corpo que pode encontrar dificuldades em estar presente no aqui/agora do fluir da vida.

Sempre acreditei que aqueles que vivenciam uma educação que concebe o ato de educar como um processo de transformação tanto dos educadores quanto dos educandos, forçosamente, deveriam se perguntar: possibilitar o processo de formação em qual direção?

Essa pergunta se faz necessária já que todo e qualquer ato educativo é diretivo. Ou seja, tem sua razão de ser porque está ancorado na intencionalidade do educador.

Uma direção possível seria aquela em que ambos possam ter a possibilidade/direito de tentar ser o que são, para que possam passar a ser o que gostariam de ter sido, e não puderam ou foram proibidos de ser.

Ou talvez possivelmente serem mais do que já foram e do que são, para poderem ser ainda mais do que desejariam ser.

Estou convencida de que irei "para a cova" brigando, me indignando, anunciando/denunciando a violência humana de um processo de educar de forma autoritária, que faz com que a pessoa deixe de ser sujeito do seu processo e passe a ser objeto do desejo de quem a educa.

O que provoca imensa tristeza no meu corpo é constatar que ainda hoje, em pleno século 21, possamos encontrar inúmeras escolas e universidades nas quais, no chão das suas salas de aula, alunos e professores ainda vivenciam experiências de "deixarem de ser" eles próprios.

É por essa razão que estou de acordo quando o meu pai diz que em todo e qualquer ato educativo existe a intencionalidade do educador. Portanto, não existe neutralidade na educação. O ato de educar é um ato político, daí que não possa ser neutro, muito menos impessoal.

Assim, cabe aqui nos perguntar sobre a intencionalidade de cada um de nós como educadores que somos e estamos sendo.

Qual é a opção de cada um de nós?

Da mesma forma como acredito que o ato de educar é atravessado pela intencionalidade daquele que educa, também acredito que ninguém se educa sem Modelo.

Entendo o conceito de modelo como a capacidade do educador de ocupar um lugar de "Ser Referência" para o educando. O que percebo ao longo da minha caminhada de educadora é que da mesma forma como sofremos com nossa dificuldade de estarmos presentes, quando estamos com o outro, também sofremos com nossa dificuldade de ocupar o lugar de sermos referência. Para podermos ocupar o lugar de sermos referência para nossos(as) alunos(as), ou nossos(as) filhos(as), precisamos saber quem somos nós. Como posso ocupar esse lugar se eu não sei quem sou? Se eu não me conheço? Se eu, na maioria das vezes, fujo de mim mesma?

Se eu não consigo ter uma relação de intimidade comigo mesma?

Acredito que enquanto nos cursos de pedagogia, ou nos processos formativos de professores, não incluírem em suas programações o desenvolvimento do que como educadora formadora chamo de "Eixo Pessoa" de desenvolvimento do educador, nossos professores continuarão a ter dificuldade de ocupar o lugar de ser referência para seus alunos.

É interessante constatar que quando não temos uma relação de intimidade conosco mesmos que nos possibilite um saber sobre nós e um saber de nós, para sabermos quem realmente somos, a nossa forma de sermos modelo para aquele a quem educamos é a forma do modelo para ser copiado, para ser seguido à risca, para ser tomado como exemplo. Ficando difícil então a experiência de ser modelo referencial, aquele que é referência a descobertas, escolhas, decisões, dúvidas, aos saberes e não saberes do educando.

A importância da filosofia de uma educação para a transformação

Toda e qualquer concepção de educação não se encontra solta no ar... a vagar por aí.

Toda e qualquer uma delas, já seja democrática ou autoritária, se encontram ancoradas, envoltas e envolvidas em valores e princípios que lhes dão o chão da sua existência.

Dessa forma também nenhuma prática pedagógica se encontra desenraizada da filosofia educacional que a sustenta.

É por essa razão que a cada concepção de educação corresponde uma determinada e específica prática pedagógica.

A concepção de educação para a transformação postulada por Freire se encontra imersa nas suas origens de criança que passou fome, e teve reais e concretas dificuldades financeiras para estudar.

Só um corpo que sofreu necessidades ao se desenvolver em busca de aprender, e com fome de saber, poderia idealizar uma educação realmente igualitária, democrática e libertadora.

Ninguém cria no vazio, todos nós criamos e re-criamos, em princípio, partindo das nossas histórias de vida.

É interessante reparar no fato de que a filosofia de educação aqui postulada exala, emana ação e transformação. Poderíamos nos perguntar: de qual ação estamos a falar? De qual transformação estamos a falar?

Ousaria dizer que estamos justamente a falar do tipo de ação que promova a autoria do educando.

Do tipo de ação que possibilita que o educando se experiencie como ser que sabe, pensa e deseja.

Do tipo de ação que possibilita o surgimento das perguntas de espanto sobre as coisas do mundo e sobre os seres humanos que somos.

Do tipo de ação que cria espaços de aprendizagem nos quais o educando possa ser sujeito do seu processo e não objeto dele.

Do tipo de ação que construa um espaço de continência sala/aula, onde o educando possa enunciar/denunciar o seu não saber, e possa, portanto, descobrir o que já sabe e o que ainda precisa saber, para poder assim saber mais.

Enfim, são ações desse tipo que podem provocar desejo intenso nos corpos dos educandos, para que sempre queiram ser mais e melhores e que não permitam que ninguém os obrigue a deixar de ser.

Sobre qual processo de transformação estamos a falar, a não ser aquele que possibilita a descoberta, por parte do educando mediado pela relação com o educador, de que ele é um ser falante e desejante e de que pode falar por si, e aprender a desejar e a sustentar o seu próprio desejo?

Digo isso porque a grande maioria de nós é capaz de desejar, porém somos poucos aqueles que sustentamos o que desejamos.

Sustentar o desejo muitas vezes nos leva a termos de educar o nosso sentimento de culpa para não ferir o outro, ou a expectativa do outro, levando-nos, dessa forma, a renunciar ao que realmente desejamos.

Uma educação para a Libertação só acontece na prática de forma real se o educador realiza a sua opção político-pedagógica em prol daqueles que sabem menos e a quem lhes foram negados o direito ao saber e ao conhecimento.

Só posso ter uma prática democrática pedagógica em sala de aula como professor se realmente acredito que o outro pode saber tanto quanto eu, ou mais do que eu.

Contudo, essa forma de vivenciar a prática pedagógica não é, em princípio, a mais desenvolvida entre nós, professores.

Ainda carregamos um grande ranço de autoritarismo nos nossos corpos, que nos impede de acreditar não só que o aluno possa saber mais ou melhor do que nós determinados conteúdos, como também que ele possa ter algo a nos ensinar.

Essa constatação é de uma tristeza humana grande, pois anuncia/ /denuncia que a grande maioria de nós, quando estamos no chão de sala de aula, estamos determinados a ensinar, porém poucos de nós estamos abertos também para aprendermos com os nossos alunos, quando é fundamental, para a compreensão do processo de ensino- -aprendizagem, refletir e vivenciar o par Ensinar/Aprender.

Digo isso porque, normalmente, se estamos atentos aos nossos próprios processos, iremos descobrir que quando ensinamos estamos, de certa forma, a re-viver a forma como aprendemos. E o contrário também pode ser verdadeiro.

Interessante é perceber que nós não aprendemos com qualquer um. Para que eu aprenda com o outro, este tem que ocupar um lugar de ser uma referência afetiva/cognitiva para mim, ao mesmo tempo que eu tenho que me autorizar a aprender com ele.

É por essa razão que dizemos que o processo de aprender com o outro é um processo de transferência. Dessa forma, o processo de aprendizagem é um processo transferencial e, por sua vez, requer um tipo de relação assimétrica.

Só posso ensinar ao outro o conteúdo que sei mais do que ele, caso contrário, estou a trocar informações com ele, mas não estou a ensiná-lo.

UMA VIDA MARCADA PELA EDUCAÇÃO

Sem autorização e sem *ocupância* de lugar de ser referência não existe processo de ensinar/aprender. Por essa razão, costumo afirmar que, na minha forma de perceber, o ato de educar é um ato corajoso de ocupar um lugar no processo de vida daquele a quem educo, marcando desse modo o corpo dele. Sinto muita tristeza quando percebo que ainda existem educadores que não marcam o corpo do educando, simplesmente deixam rastros.

Para marcar o corpo do outro, eu tenho que estar presente, inteira no e com o processo dele.

Acredito que ninguém se educa sem modelo. Deixando explícito que a conotação da palavra modelo, aqui utilizada, não é a mesma de uma concepção autoritária de educação.

Modelo, na concepção democrática de educação, existe não como exemplo a ser seguido, mas sim como referência que dá parâmetros, norteia e incentiva para que o educando possa se descobrir e, dessa forma, ser ele mesmo.

Acredito também que o maior desafio do educador que tem coragem e amorosidade de ser modelo/referencial para aqueles a quem educa é ser um tipo de modelo que exercita cotidianamente o estar presente e o estar ausente.

Ou seja, o que quero dizer com isso é justamente que devemos estar atentos quanto à forma de como estamos a viver esse lugar de ser referência para o educando.

Se estamos a vivenciar uma forma de estar presente sem sufocar suas ideias, sentimentos e curiosidades, ou se estou a vivenciar uma forma de estar tão ausente que beira ao abandono.

Muitos de nós, às vezes, confundimos o ato de criar um espaço pedagógico, onde os alunos possam se exercitar na conquista da sua autonomia, ao vivenciarmos uma relação de libertinagem e não de liberdade, por termos dificuldade de sustentarmos nossa autoridade com os educandos.

Outro aspecto interessante de ser salientado na postura pedagógica de um educador emancipador, libertador, é o de perceber, na sua forma de estar presente no chão da sala de aula, se ele acredita que ocupa um lugar, ou se ele se acredita ser o lugar. Existe uma certa diferença entre essas duas formas de estar presente, ou seja, ser o lugar ou ocupar o lugar.

Quando acredito que sou o lugar, qual é a mensagem que estou a veicular para os educandos? Possivelmente a de que nenhum deles é capaz de ocupar o meu lugar, porque ele é exclusivamente só meu pela assunção do poder e do conhecimento, que só eu sei, e que eles não sabem, e é por essa razão que estão a ocupar o lugar unicamente de aprendentes, já que não têm nada a me ensinar.

Quando estou a ocupar o lugar tendo a clareza de que não sou o lugar, transmito a mensagem para os educandos de que eles podem ocupar o meu lugar em determinadas situações pedagógicas, nas quais eles possam realmente saber mais ou explicar melhor do que eu o conteúdo em questão.

O grande desafio do educador que comparte a sua *ocupância* de lugar é justamente o de fazê-lo sem perder a sua verticalidade, a sua autoridade.

Dito de outra forma, é como vivenciar a minha horizontalidade na minha relação pedagógica de ser humano que ama e deseja com os educandos sem perder, contudo, a minha verticalidade no lugar que ocupo na minha função de ser educador.

Grande desafio, que é às vezes muito difícil e penoso para a grande maioria de nós.

É interessante perceber que o processo reflexivo, de como se ocupa o lugar de ser educador, quando inexistente, quando não exercitado, pode gerar um processo muito prejudicial no corpo do educando, já que educador e educando se misturam, dificultando o processo de aprendizado, de ser educando e o de ser educador.

Só posso aprender a ser aluno se o professor é professor. E vice-versa. Da mesma forma, só posso aprender a ser filho(a) se quem ocupa a posição de pai e a posição de mãe a exerça.

Pergunto-me o que mais poderia socializar com vocês, futuros leitores deste pequeno e simples texto, que possa motivá-los, após a leitura dele, a refletirem sobre as suas práticas pedagógicas. Sempre acreditei, pela forma como fui educada, que educar para a transformação requer e exige, por parte daquele que educa e ao mesmo tempo é educado, um profundo amor pela espécie humana.

Não se trata aqui de um amor harmonioso, piegas, trata-se de um amor que é rebelde, de um amor que é briguento, de um amor que é ousado, de um amor que simplesmente existe por ser um amor de humanidade.

Por essa razão, para mim, sempre foi muito claro que quem fala em educação fala em Vida e não em Morte.

Só quem ama a vida e mantém viva sua criança interna pode se dedicar a uma educação que seja libertadora do ser humano. Libertadora no sentido de ter a coragem de se comprometer com o educando no processo de desvelar a desigualdade que vivemos no mundo, as injustiças, preconceitos, racismos e tantas outras situações que fazem com que sejamos menos gente.

Gostaria de finalizar este texto com uma definição do meu pai, que para mim é uma das tantas quantas fortes e representativas da sua filosofia de educação para a transformação:

"Educar é um ato político e amoroso, e o(a) professor(a) é um(a) artista."

As linguagens como prática de liberdade

Tem sido um aprendizado muito grande, para mim, aprender a dar "palestras" *on-line* e a participar de *lives*. Digo isso porque minha experiência sempre foi a de estar presente fisicamente com o outro.

A pandemia veio trazer enormes aprendizados para todos nós. No meu caso, um dos maiores aprendizados foi o de, em primeiro lugar, reconhecer o meu preconceito e o meu não saber navegar por este mundo dos encontros *on-line*.

Eu não imaginei que poderia aprender tanto com essa experiência. Meu grande desafio, e ao mesmo tempo meu grande medo, era o de não ser capaz de criar vínculos com os professores e, por sua vez, com os alunos. E qual não foi o meu espanto ao perceber que era sim viável construir vínculos sem estar presente fisicamente.

O que mais me faz falta, nessa nova forma de estar presente para dar aula, cursos, é a perda do corpo a corpo, que para mim é tão fundamental. Perde-se um pouco essa interação ao vivo com quem está presente. Mas, enfim, é um desafio, que todos nós estamos enfrentando nestes últimos tempos.

Nunca me canso de repetir que o que me dá maior alegria quando recebo convites para proferir palestras é justamente a possibilidade não de proferir, mas a de poder trocar conhecimentos, saberes e não saberes, com as pessoas.

Minha maior alegria é o meu gostar de poder estar com gente. Imaginem vocês que riqueza é poder ter a chance de estar sendo escutada e, ao mesmo tempo, de poder falar com e para educadores. Para mim, é sempre um privilégio.

A meu ver, o privilégio maior é sempre meu, de certa forma, pois aprendo muito com cada conversa que realizo com os educadores.

Mesmo correndo o risco de me repetir, gosto de perguntar quando tenho a chance de estar entre educadores, se vocês já descobriram que, nas "palestras", existem dois tipos de fala: uma fala para os outros e uma fala com os outros.

As palestras, geralmente, na nossa experiência sobretudo aqui no Brasil, são palestras nas quais as pessoas simplesmente sobem lá no púlpito e falam para os outros, e não com os outros. Os outros permanecem calados, sem interagir, e na maioria das vezes até possivelmente sem entender o que o palestrante está a falar. O triste dessas palestras é que, na verdade, os palestrantes estão a falar sozinhos! Porque não têm o retorno do outro!

Às vezes, em algumas palestras de que já tenho participado por este Brasil afora, tenho saído com a dúvida de se o palestrante em questão estava mesmo interessado em ter o retorno do outro, para quem estava supostamente a falar.

Por que eu estou começando minha fala pela fala?

Porque fala é linguagem. É a linguagem que nos fala e, ao falar, nos faz humanos!

Considero que pode ser muito gostoso descobrirmos, ao longo do percurso de vida de cada um de nós, de onde vem essa linguagem e de onde vem essa forma em que cada um de nós tem de fazer uso da linguagem.

É interessante perceber como a linguagem habita de forma diferente o corpo de cada um de nós.

Quando eu penso nesse conteúdo, é inviável não me remeter à minha infância. Então pergunto a vocês se vocês já pararam para pensar quem os introduziu no mundo quando vocês eram crianças?

Quem apresentou o mundo para vocês?

Quem introduziu vocês nele?

E como vocês foram introduzidos?

Acredito que o que mais marca o corpo de uma criança é o como, é o como se faz, é o como o educador entra em contato com a criança a quem educa.

Então, todo esse arrodeio é para dizer que a nossa introdução no mundo tem a ver com o processo de linguagem. E por quê?

Não sei se vocês já descobriram que quando somos crianças, criaturas pequenas, nós não temos fala. Nós ainda não falamos, portanto, nós somos falados pelo Outro.

Contudo, temos outras formas de nos comunicar, como choros, gritos, silêncios..., mas ainda não a fala articulada.

Dessa forma, nossos choros, gritos ou silêncios são significados pelos outros.

Quando nós somos capazes de falar o mundo com a nossa fala, essa anunciação, por sua vez, estará fortemente influenciada pela forma como o mundo nos foi falado pela primeira vez. É importante deixar claro aqui que a nossa forma de falar será seguramente influenciada, mas não determinada.

Ou seja, nosso processo de transformação em seres falantes, que é um processo belíssimo de nos tornarmos humanos, está profundamente marcado pelas pessoas que nos apresentaram o mundo, nas diferentes fases da nossa vida.

Ingênuo aquele que acredita que, ao falar o mundo, quando sabe falar, quando tem a fala, está a falar sozinho.

Não o está!

Porque eu falo o mundo enquanto ser falante, pelo viés de como o mundo me foi falado pelo meu pai ou pela minha mãe, ou por outros referenciais que ocupem esse lugar.

Como educadora, dou uma importância capital ao ato de pesquisar, com o professor e com o educador, nos meus cursos de formação, como o mundo foi falado para ele e por ele. Mas sobretudo como ele fala o mundo hoje, no seu aqui e agora.

E por que essa minha curiosidade?

Porque essa experiência é a história de vida dele.

Essa experiência faz parte do percurso dele, se ele conseguiu se apropriar ou não do seu próprio caminhar.

Dou importância à história de vida do educador, porque se a pessoa decidir desembocar no processo de educação como educador e não souber da sua história de vida, quem ele(a) é, ou gostaria de ser, se não possui uma certa intimidade consigo próprio, terá dificuldades na construção do vínculo pedagógico com seus alunos/educandos, como também para exercer/ocupar o seu lugar de educador(a).

A possibilidade de ter problemas na construção do vínculo e na *ocupância* de lugar é relativa, porque depende da filosofia da educação em que ele desembocou e na qual ele acredita. Porque, se ele ou ela, enquanto educadores, fizeram uma opção por um tipo de educação reacionária, tradicional, que diminui o ser humano, então não precisam saber de si. Ele(a) pode ser educador(a) e continuar sendo totalmente distante dele(a) próprio(a). Não tem problema. Porque, para esse tipo de filosofia de educação, o ser humano não precisa saber de si para ocupar o lugar de educador.

É interessante olharmos para a linguagem como possível processo de libertação.

Digo possível porque, para uma filosofia de educação autoritária, a linguagem ocupa um lugar diferente.

Ela é exercitada não para libertar, mas sim para aprisionar a fala do aluno/educando.

Para desqualificá-la. Para diminuí-la.

E a desgraça para alguns, ou a graça para outros, é a de que realmente existem processos de aprendizagem de linguagem que, ao invés de possibilitar a apropriação da sua própria fala, desapropriam e aprisionam a fala do outro.

Essa constatação provoca no meu corpo uma indignação violenta, corpórea, intensa.

O fato de que um ser humano, um corpo, uma criatura, seja interditado em dizer sua própria palavra, de ter seu próprio discurso não é algo triste? Vocês não acham? Eu acho de uma violência humana terrível, chega a ser perverso.

A grande maioria de nós, infelizmente, na área de educação, quando discursamos, acreditamos que o que estamos a falar é o nosso próprio discurso. O pior é que o discurso que sustentamos não é nosso, mas o do outro. Contudo, estamos tão alienados do nosso processo, com tão pouca intimidade conosco, que muitos de nós acreditamos plenamente que o discurso que proferimos é o nosso.

Uma das qualidades do meu pai que eu mais admirava era a sua enorme capacidade de brigar, de esperançar, anunciar/denunciar situações de desapropriação do ser humano.

No meu percurso de formadora de educadores, acredito que é fundamental anunciar/denunciar a precariedade que ainda existe na elaboração dos cursos de pedagogia e nos processos de formação dos educadores dentro das escolas.

Acredito na importância da concepção de um processo formativo que esteja integrado ao espaço profissional do educador. Professor aprende a ser professor se exercitando, trocando sobre sua forma de viver a sua função com e entre os seus colegas parceiros. Não aprendo

UMA VIDA MARCADA PELA EDUCAÇÃO

a ser professor fora da realidade na qual exerço o meu ser professor, ou seja, aprendo a ser professor dentro da sala de aula, dentro da escola.

O mesmo deveria acontecer com o processo formativo dos professores universitários.

Refiro-me às universidades porque às vezes o que vejo dentro das suas salas de aula é de uma tristeza muito grande, quanto à forma autoritária de alguns professores ocuparem os seus lugares de ensinantes.

Sempre me pergunto: o que leva um ser, uma pessoa, a acreditar que é melhor, ou que sabe mais do que o outro?

O que pode passar pelo corpo de uma pessoa que acredita que não tem nada para aprender com o outro?

Sempre imaginei que existem dois tipos de perguntas. As que chamo de perguntas cretinas no bom sentido da palavra, e as que denomino perguntas cretinas no mau sentido da palavra.

As perguntas cretinas no bom sentido da palavra são aquelas que faço movida pela ignorância. Pela ignorância do meu não saber. Aquelas no mau sentido da palavra são as que pergunto já sabendo a resposta.

Ou seja, pergunto para mostrar que sei sobre o conteúdo do qual estou a perguntar. Ora, se repararmos bem, este tipo de pergunta não nos aporta nenhum novo conhecimento, visto ser uma pergunta que não se encontra ancorada no não saber.

O que na verdade acontece é que talvez tenhamos uma enorme dificuldade de entrar em contato com o nosso não saber.

Dada a forma como fomos e ainda somos formados, fugimos do contato ou da assunção do nosso não saber, por acreditar que, se o mostramos, seguramente perderemos o nosso poder.

É muito triste essa nossa dificuldade de entrar em contato com o nosso não saber, visto que só podemos saber mais se soubermos o que já sabemos, para poder localizar o que ainda não sabemos, para assim podermos saber cada vez mais.

Quando me encontro com os educadores, sempre costumo fazer as seguintes perguntas:

Qual é o "quefazer" pedagógico básico, dentro da sala de aula, no chão da escola?

Qual é a função básica, específica na sala de aula de um professor?

Não demoram muito a responder:

— Nós ensinamos!

— A nossa função básica é a de ensinar!

Contudo, o que me chama a atenção é o fato de que a resposta "eu ensino, mas também aprendo com os meus alunos" não vem de imediato na fala da grande maioria deles.

Pergunto-me então:

Será que é possível separar o ato de ensinar do ato de aprender?

Percebo que essa forma dicotômica de pensar está profundamente arraigada nos nossos corpos. É por isso que costumo dizer que nós, na área de educação, temos a mania, a implicância, de juntar o que devemos separar e separar o que devemos juntar. Haja vista todas as dicotomias existentes no nosso processo de formação quando vivenciamos a nossa prática pedagógica separada da teorização dela, e quando aprendemos só com algumas partes do corpo e não com o nosso corpo por inteiro.

Outra separação indevida que costumamos fazer é a de imaginar que a maneira como vivo minha forma de ser profissional está desvinculada da minha forma de ser gente, de ser pessoa. Daí a famosa frase: "ela não sabe ser profissional, leva tudo no pessoal".

Como se a impessoalidade existisse!

É interessante, mas tenho percebido que os professores de Educação Infantil apresentam uma facilidade maior de viverem suas práticas em sala de aula de uma forma menos dicotômica.

UMA VIDA MARCADA PELA EDUCAÇÃO

Acredito que isso possa acontecer pelo fato de a própria criança exigir normalmente essa não separação, exigir uma forma mais inteira de o professor estar presente em sala de aula.

A maioria dos nossos corpos saem das universidades entupidos, empanturrados de teorias, e muitos poucos de nós conseguimos referenciar a teoria estudada na prática que pode fundamentar essa teoria.

A grande maioria de nós, quando estamos em sala de aula, com os nossos alunos, conseguimos unicamente aplicar as teorias, e não vivê-las, porque seguramente não as viveram conosco quando éramos alunas.

Não nos ensinam nas universidades a refletirmos sobre o que realmente pode ser importante na nossa forma de nos experienciarmos nas vivências/descobertas do nosso "quefazer pedagógico".

Por conseguinte, quando terminamos quatro, cinco anos de estudo de Pedagogia, e nos deparamos na sala de aula com os alunos, poucos de nós sabemos o que e o como podemos atuar em sala de aula.

E todas aquelas horas infindáveis de didática, por estarem totalmente desvinculadas da nossa prática real, não nos são de grande ajuda quando nos encontramos sozinhas diante dos alunos.

Considero que um dos grandes problemas que temos ainda hoje na educação, e que talvez não seja específico da área, mas da nossa forma de viver, é a nossa enorme dificuldade de estarmos presentes quando estamos com o outro.

Por sua vez, essa nossa dificuldade de estarmos presentes, possivelmente, pode estar atrelada ao fato de nós não termos uma certa intimidade conosco próprios.

Se não consigo me fazer presente para mim mesma, tampouco consigo estar com e para o outro.

É por essa razão que me pergunto: como eu posso afirmar, falar, dizer que sou uma educadora que acredita e vive o processo de transformar o corpo do outro, pelo viés de uma prática de educação transformadora, se eu não consigo estar na minha inteireza comigo mesma e, portanto, com o outro?

Atualmente acredito que essa nossa dificuldade de estarmos entre e com o outro aumentou, cresceu enormemente. Ela é tão real, que talvez caiba aqui lembrar o ditado que diz: "os professores fingem que ensinam e os alunos fingem que aprendem". Vocês querem maior tristeza do que essa?

Acredito também que essa dificuldade de estarmos presentes com o outro, por não estarmos conosco próprios, provoca em nossa prática pedagógica e na nossa vida um certo distanciamento, uma certa incoerência entre aquilo que dizemos e aquilo que fazemos.

Essa postura é na minha compreensão uma postura totalmente antipedagógica e, portanto, devemos estar atentos(as) ao nosso nível de coerência.

Às vezes, eu me canso extremamente quando percebo o quanto ainda precisa e pode ser feito na educação no nosso país.

Nesse momento, me vem ao corpo uma das definições que o meu pai dava sobre o que pode ser a educação quando ele postulava que educar é um ato político amoroso.

Seria interessante nos perguntarmos: que relação é essa?

Por que a educação é um ato político e ao mesmo tempo amoroso?

A educação para a transformação é um ato político porque uma das funções básicas do educador que opta por essa filosofia é a de justamente desvelar o mundo, anunciar/denunciar a realidade àquele a quem ele educa, para que ambos possam dessa forma entender o contexto/texto em que estão inseridos, potencializar mutuamente suas capacidades, para que juntos possam gerar as transformações que se façam necessárias.

De quais desvelamento e devoluções estou a falar? Por exemplo, deixar claro para o educando que ele é um ser capaz, que ele pode aprender, que ele pode superar suas dificuldades de aprendizagem, que ele pode aprender a pensar e a desejar.

Quando ao educar o outro, ao me relacionar com ele, ao ocupar o meu lugar de ser seu professor, eu o diminuo, e acredito que ele não tem nada para me ensinar, eu não o estou a perceber como um sujeito, mas como um simples objeto.

É por essa razão que realmente acredito que educação é vida, e quem não tem mais vida dentro de si não deveria estar nessa área. Não deveria ocupar o lugar de ser educador.

Porque, se o fizer, estará talvez veiculando muito mais um sentimento de morte do que de vida para aqueles a quem está a educar.

Vocês não acham que é um absurdo, uma perversidade, nos dias de hoje, nós termos que reaprender a nos humanizarmos? O que é que está acontecendo conosco? O que é que nós estamos fazendo conosco?

Uma outra definição de educação na qual acredito é que educar é marcar de forma amorosa o corpo do outro.

Por que considero que educar é marcar o corpo do outro? Porque eu acredito que não existe processo educativo sem que o educador tenha a coragem de ocupar um lugar de referência para o educando, e que este se autorize, por sua vez, a ser educado por ele.

Às vezes percebo que temos uma certa dificuldade de ocuparmos lugares... tanto os professores como os pais estão com dificuldade de ocuparem os seus respectivos lugares de referência, já seja para o aluno, já seja para o filho ou filha.

Quando não ocupamos os nossos devidos lugares, corremos o risco de não permitir que os outros, nesse caso, o aluno ou o filho, ocupem também os seus lugares.

Costumo dizer que só posso aprender, ter a experiência de ser aluno, se o professor tem, por sua vez, a coragem de ser meu professor. O mesmo processo de *ocupância* de lugar ocorre com os pais. Os filhos só podem experienciar o lugar de serem filhos ou filhas se os pais tiverem a coragem de ocupar o lugar de serem pais.

Contudo, não é bem assim que está a acontecer atualmente em certos ambientes escolares e familiares. O que vemos é uma grande confusão de lugares. Os pais querendo ser amigos dos filhos, e talvez os professores querendo ser pais dos alunos.

O processo de ocupar o lugar de ser referência para aquele a quem educo é muito importante, porque é dessa clareza de *ocupância* do meu lugar que posso construir o vínculo pedagógico com o meu aluno. Vínculo pedagógico este que, muitas vezes, é chamado pela maioria de nós de "vínculo afetivo", o que representa um desvio pedagógico. Digo isso porque o vínculo afetivo é específico do coletivo família, e não do coletivo escola. O que nós construímos com os alunos, quando realmente ocupamos o nosso lugar de professor, é um vínculo pedagógico afetivo.

Outro aspecto importante a que devemos estar atentos é a forma como ocupamos o nosso lugar. É importante que o professor se pergunte e reflita sobre este conteúdo. Digo isso porque existem professores que acreditam que são o lugar, ao invés de unicamente ocupá-lo. Quando penso que sou o lugar estou tendo uma postura autoritária de educar, já que o que estou a anunciar/denunciar com essa postura é que sou mais do que o meu aluno e ele não pode ocupar o meu lugar. Quando sabemos que em determinados momentos o aluno pode ensinar, melhor do que o próprio professor, determinado conteúdo que ele saiba. Muitos de nós pensamos que somos o lugar, ao invés de simplesmente ocupá-lo por acreditar que essa seja a forma de mantermos nossa autoridade dentro de sala de aula. É justamente o contrário, estamos assumindo uma postura autoritária e não sendo autoridade. Acredito realmente que só consigo deixar de ser autoritária quando e se me reconheço sendo, para então poder deixar de ser.

Outro aspecto que gostaria de salientar é o de que só posso marcar o corpo do outro se estou realmente com ele, se estou presente no seu processo. E essa presença, por sua vez, requer um processo de intervenção no corpo do outro. Ninguém se educa sem receber devoluções daquele por quem está a ser educado. O problema é que atualmente nós temos medo de intervir, de dar devoluções ao outro. Acredito que muito da nossa não intervenção no processo do outro possa estar associado ao nosso medo de errar. De cometer erros. Nós fomos e ainda somos formados para não poder errar.

Voltando à definição do educar relacionado com marcar o corpo do outro, gostaria de chamar a atenção para o fato de que existem professores que não marcam o corpo do aluno, mas sim só deixam rastros. Não conseguem marcar o corpo do aluno porque a sua fala e a sua intervenção não são significativas para o processo do aluno. Ou seja, são falas vazias, na maioria das vezes sem significado para o aluno, e por essa razão não marca o seu corpo. Não sei se vocês conseguem fazer a distinção entre marcar o corpo do outro e deixar rastros no corpo do outro. Quando deixo rastros, estes com o tempo desaparecem, fazendo com que o corpo do outro não consiga resgatar a experiência vivida. A marca, pelo contrário, deixa no corpo do outro uma cicatriz, e assim ele pode ressignificar o que foi vivido.

Gostaria de desafiá-los a que reflitam quais são as marcas que cada um de vocês carrega no seu corpo. Quem os marcou? Como foram marcados? Essas perguntas, quando temos a coragem de nos fazê-las, são preciosas para recuperamos a nossa história de vida. É importante que cada um de nós possa recuperar sua própria história de vida, pois dessa forma podemos estar mais próximos de nós mesmos e, portanto, sabermos quem realmente somos.

Outro processo que, às vezes, não é fácil de viver, mas que pode ser muito libertador, é quando conseguimos localizar, descobrir e entrar em contato com as pessoas que nos habitam, com as pessoas que nos povoam. Esse processo de entrar em contato com as pessoas que nos habitam é importante, porque vem a contribuir de forma intensa para que eu descubra os fios que constituem a minha história de vida.

Acredito que todos nós somos seres povoados, habitados por outros seres, que nos norteiam, que nos orientam, que nos sustentam e que nos amam.

Conversa com o grupo do Café Paulo Freire, pelo seu centenário

Eu sempre parto do princípio de que as marcas e as experiências se presentificam de forma diferente em cada corpo, já que cada ser é único. Como é única também a experiência de cada um.

O mesmo fato pode gerar marcas muito diferentes no corpo de cada pessoa. Da mesma forma, se repararmos bem, numa família de vários filhos, apesar de todos serem educados pelo mesmo pai e pela mesma mãe, cada filho(a) internaliza uma mãe e um pai específico. Ou seja, o que quero dizer com isso é que acredito que cada um de nós dos cinco filhos tivemos, de certa maneira, um pai e uma mãe diferentes.

Essa descoberta é interessante, porque à medida que você cresce e conversa com os irmãos e as irmãs, você é apresentada a aspectos tanto do seu pai quanto da sua mãe que lhe eram desconhecidos. É dessa forma que você confirma que cada um internalizou, significou um pai e uma mãe diferentes do seu.

Tive vários pais. O meu pai físico/biológico, meu pai homem, o meu pai mito nacional e internacional, e o meu pai patrono da educação brasileira, então, "haja pais" para você internalizar e tentar estruturar um diálogo interno entre essas diferentes figuras internalizadas.

Ser filha do meu pai e da minha mãe é um grande privilégio, mas também, ao mesmo tempo, representa uma enorme responsabilidade.

UMA VIDA MARCADA PELA EDUCAÇÃO

Responsabilidade em relação não só pela forma privilegiada como fui educada por eles, como também pelo enorme legado recebido dos dois.

Às vezes, para ser honesta, a responsabilidade do legado herdado me assusta um pouco. Tenho medo de não conseguir socializar e irradiar toda a riqueza recebida pelo fato de ter podido ser filha dos dois.

É gozado que sempre gosto de me perguntar de qual lugar eu falo quando estou a falar do meu pai.

Se falo do lugar de filha dele, ou do lugar de uma educadora, que acredita e comunga com a sua filosofia de educação.

Ao longo desses anos de caminhada, descobri que não consigo separar esses dois lugares.

Eles se laçam e se entrelaçam fazendo com que, quando falo do lugar de filha, reconheço-me profundamente como uma educadora que teve o privilégio de ter sido educada por ele. E, quando falo do lugar de educadora, sinto uma profunda alegria e uma enorme gratidão por ser filha dele.

Sempre acreditei que nós, enquanto educadores, somos eternos devedores simbólicos dos legados que recebemos.

Uma das marcas mais fortes, mais importantes, que ele me deixou foi o amor pela leitura.

Meu pai era um pai físico que vivia a maior parte do seu dia, quando estava em casa, estudando, lendo ou escrevendo em sua biblioteca.

Uma lembrança forte que tenho da minha infância, e que internalizei, pelo linguajar da minha mãe, era a de que não devíamos fazer barulho, pois o nosso pai estava a estudar.

O que me salvou foi a existência do quintal da nossa casa, grande e espaçoso, onde eu vivia minhas brincadeiras e gritarias.

Foi desta forma que a experiência da necessidade de silêncio entrou na minha vida, provocando assim a construção da minha intimidade com ele. A minha intimidade com o silêncio foi construída entre o silêncio que era necessário ao ato de estudar do meu pai e a minha liberdade de realizar as minhas gritarias no quintal.

À medida que cresci, ressignifiquei minha relação com o silêncio. Percebo que a relação positiva que tenho hoje com o silêncio está marcada por essa vivência de infância.

Aprendi a escutar o silêncio para aprender a lê-lo no meu próprio corpo quando ele me está a falar. É o que eu chamo de silêncio falante.

Na verdade, o que me ajudou a significar a não presença física do pai físico foi o fato de que, quando ele estava presente, ele realmente estava presente no presente.

Ou seja, essa intensa forma de ele estar presente, quando estava, era tão forte e viva que toda a minha pessoa se sentia olhada, cuidada, escutada, mas sobretudo amada.

Outra presença/marca muito forte, intensa e carregada de emoção, que ficou no meu corpo de criança, foi a sua voz. Digo isso porque ele nos fazia dormir cantando não só as canções de ninar, como também as músicas de Sílvio Caldas, Nelson Gonçalves e Dolores Duran.

Guardo de forma muito nítida no meu corpo a imagem do meu pai em sua biblioteca (que era um quarto da casa adaptado para tal), em Santiago, no Chile, onde todo dia ele passava inúmeras horas a escrever. Era gostoso ver pela janela do quarto sua pessoa sentada, concentrada e imersa a escrever. Mal sabia eu, com meus 16/17 anos, a importância e o impacto que aquele livro teria no mundo.

O que mais me impressionava na sua forma de ser, mesmo eu ainda sendo uma adolescente, era a sua coerência. Ele era incrivelmente coerente. Fui aprofundando e percebendo melhor essa sua coerência à medida que fui me fazendo mulher adulta, mãe e avó dos meus netos.

Sempre me chamou muito a atenção como ele conseguia viver conosco dentro de casa, no nosso cotidiano, o que ele realmente acreditava, o que ele escrevia sobre a forma de educar para e na liberdade.

UMA VIDA MARCADA PELA EDUCAÇÃO
131

Lembro-me bem, no exílio em Santiago, ao término do colegial, quando lhe comuniquei de que eu não queria fazer estudos universitários. Como eu sempre tinha sido uma boa aluna, ele estranhou minha decisão e me chamou para conversar.

Expliquei então que queria ser secretária bilíngue, já que falava outras línguas. Foi simplesmente incrível a resposta dele. A primeira coisa que ele quis saber foi o quanto eu tinha me aprofundado na reflexão sobre esse meu querer. E que se eu realmente estava segura desse meu desejo, ele iria me apoiar. E assim o fez. Matriculou-me na melhor escola de secretariado de Santiago. Tudo o que sei hoje de datilografia e estenografia devo a ele.

Sua presença de pai intelectual deixou uma marca profunda na minha experiência de ser sua filha. Sempre tive a chance e o privilégio de poder aprender a dialogar e a me exercitar nessa aprendizagem com o meu pai.

Foi essa aprendizagem que me possibilitou ter conversas muito ricas sobre educação com ele, como também a chance de poder criticar e discordar dele. Um dos maiores orgulhos que guardo da construção da nossa relação é o combinado que existia entre nós. Combinamos que eu leria o que ele estivesse a escrever antes de enviar o livro para a editora. Dessa forma, eu tinha a possibilidade de fazer as minhas possíveis críticas.

Esse combinado existente entre nós foi sempre de uma enorme importância para mim, pois me possibilitou desmistificá-lo enquanto pai intelectual e, dessa forma, poder tomar distância dele, para poder ficar mais próxima enquanto filha.

Outra marca muito grande da minha convivência com ele enquanto pai intelectual foi ter participado intensamente da elaboração da construção de *Pedagogia da Autonomia*.

Nas conversas que tínhamos, sempre o desafiava a que ele escrevesse um livro que atravessasse de forma mais direta o corpo do professor.

Que trouxesse de forma direta e clara as posturas pedagógicas de um professor democrático.

E foi dessa forma que iniciamos um ciclo de vários encontros para discutirmos sobre os diferentes conteúdos do que viria a ser, mais tarde, a obra *Pedagogia da Autonomia*.

Outra forte lembrança desse momento foi a de que, quando finalizamos as conversas e encaminhamentos do livro, ele me disse: "minha filha, a pessoa mais indicada para escrever o prefácio deste livro é você".

Existem momentos nas nossas vidas em que simplesmente nós não sustentamos o que mais desejaríamos sustentar. E foi assim que eu não consegui sustentar o convite feito pelo meu pai, de escrever o prefácio do seu livro *Pedagogia da Autonomia*.

É por isso que o único livro que eu escrevi até então, *Quem educa marca o corpo do outro*, significou tanto para mim, porque simbolicamente é como se fosse o prefácio de *Pedagogia da Autonomia*, que eu não consegui escrever, naquele então.

Outro grande aprendizado foi o ato de aprender a me pôr os próprios limites. Esse aprendizado, por sua vez, só foi possível pelo fato de que os meus pais não viveram por mim os meus desafios, os meus riscos e os meus problemas. Hoje, mulher adulta e mãe de quatro filhos, bem sei o que pode significar esse desafio para os pais.

Faz-se necessária muita coragem para um pai ou uma mãe não viver os problemas, os desafios, ou os riscos, no lugar dos filhos, mas sim estar próximo deles e com eles.

Voltando ao livro *Pedagogia da Autonomia*, penso que se fosse possível hoje mexer no texto, no sentido de atualizá-lo, eu não mudaria nada, mas agregaria os desafios atuais que enfrentamos na educação, que se encontram mais do que nunca evidenciados com o fenômeno da pandemia.

Mais do que nunca, seguramente o meu pai voltaria a alertar para um aspecto muito importante no ato de educar, que é o de como você pode e deve trabalhar na educação com as tecnologias sem se tornar um tecnicista.

Eu agregaria um capítulo, que seria interessantíssimo e, se ele estivesse vivo, quero acreditar que estaria pensando sobre isso, que seria: como o professor pode construir vínculos pedagógicos *on-line*, ou seja, como o educador pode manter e marcar sua presença enquanto lugar de referência para aquele a quem educa, por meio das aulas dadas *on-line*.

Essa preocupação com a construção do vínculo pedagógico com os alunos não é nova.

O vincular-se com o outro a quem educo e por quem sou, por sua vez, também educada, sempre esteve presente como desafio nas salas de aula das nossas escolas. Muitos de nós talvez ingenuamente acreditássemos que bastava estar presentes fisicamente para construir o vínculo pedagógico.

Hoje, com o fenômeno da pandemia que nos jogou a todos na experiência de darmos aula *on-line*, sabemos que só o estar presente não é suficiente para a construção do vínculo com o aluno. Faz-se necessário estar presente no presente. Ou seja, existe uma qualidade no ato de estar presente que nos demanda não só uma presença física, como também uma presença psíquica.

Outra preocupação importante é a de aprendermos a criar o espaço "simbólico do chão de sala de aula", que é tão importante enquanto espaço de vivência do nosso aprender a ser um cidadão, estando *on-line* ou não com os alunos.

Hoje o que mais me preocupa como educadora é que talvez quem mais esteja "por dentro" do aprendizado de dar aula *on-line* sejam os professores, e não acredito que eles estejam sendo escutados sobre as suas descobertas, sobre os seus aprendizados.

Infelizmente considero que são poucas as escolas que estão revendo esse aspecto da formação tecnológica, pois esse aspecto não existia antes na formação de professores.

Eles não foram formados para saber lidar com a tecnologia para poder dar aula *on-line*. E, no entanto, enfrentaram o seu não saber da forma como foi possível e deram aulas *on-line* durante toda a pandemia.

Nossa profissão de educadores é uma profissão que nos exige lidar constantemente com situações imprevistas e delicadas, justa e simplesmente porque lidamos com gente concreta, gente de carne e osso. Nossos alunos são seres concretos, e não figuras abstratas como muitos desejariam que fossem.

A pandemia, nesse sentido, só veio a reforçar ainda mais a sensação de imprevisibilidade e delicadeza na qual o ato de educar está envolto.

Algumas pessoas perguntam se o meu pai, ao escrever *Pedagogia da Autonomia*, intuía talvez que esse seria o seu último livro, pois um ano após o seu lançamento, ele faleceu.

Honestamente, eu não sei se essa ideia passava pela cabeça dele.

Achei interessante o comentário feito pela Isabela Camini, de o livro poder se chamar *"Pedagogia da Despedida"*.

Nessa entrevista, provocada pelas perguntas realizadas, estou tendo mais uma vez a chance de constatar a coerência do meu pai. Ele sempre foi muito inteiro na sua forma de ser, nos momentos das nossas conversas. Quando eu o criticava, às vezes o primeiro movimento era de não aceitação, mas como ele se trabalhava muito e era uma pessoa que tinha uma capacidade enorme de escuta e de diálogo, ele era capaz de se rever e de se questionar.

Para mim, essa postura era fundamental. A boniteza maior desse processo era o fato de tanto ele quanto eu reconhecermos e percebermos que eu o questionava e, por sua vez, ele aceitava, enquanto pai, ser questionado por uma filha, pelo fato de ele ter me educado assim.

Mas o primeiro movimento era de: "olha, para aí, vamos ver bem, por que você está falando isso?

Onde está se apoiando para dizer isso?

UMA VIDA MARCADA PELA EDUCAÇÃO

Como é que você está avaliando?"

Foi dessa forma que aprendi muito a me questionar e a fundamentar os meus questionamentos.

Considero um enorme privilégio ter um referencial educacional, já seja ele paterno ou materno, que possibilita a um filho ou a uma filha sentir-se aceito(a) na sua forma de sentir, pensar e sobretudo poder verbalizar os seus pensamentos.

Um dos maiores desafios dele era o de manter a sua coerência. Aprendi muito com ele, já que a maior boniteza do ser humano é entrar em contato justamente com as suas incoerências. Somos todos incoerentes, mas muitos de nós o negamos, e dessa forma não aprendemos com as nossas incoerências para nos tornar cada vez mais coerentes.

Ao longo da nossa longa vivência durante o exílio, como pai físico e ser humano, uma das marcas mais fortes que ficou no meu corpo foi de ele nunca ter se deixado levar pelo saudosismo, pela melancolia. Às vezes ele sentia a falta de sol. Era terrível, aí ele dizia: "Elzinha, cadê o sol?" E a minha mãe, que era uma mulher fantástica, incrível, respondia: "Oxente, Paulo! Você não está vendo? Ele está dentro de você, vamos lá!" Ou seja, reanimava ele.

Na minha forma de perceber, ele foi segurado, apoiado, sustentado sempre por minha mãe. Talvez esse suporte tenha sido mais forte e mais visível durante a experiência do exílio.

Na verdade, foi minha mãe quem sustentou e segurou a todos nós, com sua força de vida, com seu otimismo e, sobretudo, com a sua capacidade de viver o presente, possibilitando dessa forma que todos nós na nossa família pudéssemos vislumbrar o futuro. O futuro que naquele então representava o desejo de todos nós podermos voltar para o Brasil.

Então, acredito que ele sem a presença dela não teria conseguido enfrentar o longo período do exílio.

Foi um dos casamentos mais belos que já presenciei e não no sentido só humano, de homem e mulher, de complementação, de amor, mas também no sentido intelectual. A capacidade do meu pai, sua capacidade reflexiva e dialógica, era uma coisa fenomenal, era fora de série, ele podia discursar tranquilamente duas, três horas sobre uma única palavra. Era incrível, e ao mesmo tempo ele tinha uma extrema dificuldade de ser prático, esse era o poder da minha mãe.

A minha mãe era de uma grande capacidade de concretizar ideias e ações, era uma coisa absurda. Uma excelente arte-educadora, uma alfabetizadora de mão-cheia, que deu para ele toda a parte prática e metodológica do processo de alfabetização. Ele, com sua capacidade criativa e reflexiva, deu forma ao Método de Alfabetização, mas sem ela não o teria construído, de jeito nenhum. E ele sabia disso. Tanto sabia, que falava dela e sobre ela em todo o lugar, porque ele sabia tudo o que ele recebia e, óbvio, também o que ele dava.

Sempre acreditei que o meu pai foi muito corajoso ao ter assumido a Secretaria de Educação de São Paulo, no governo Luiza Erundina. Digo isso porque, na minha forma de perceber, o seu perfil não era de experiência de gestão. Contudo, conseguiu realizar uma experiência de participação coletiva nas tomadas de decisões que só aqueles que acreditam e apostam na capacidade do outro têm coragem de vivenciar.

Ele era um homem engajado e muito coerente com as suas posições políticas, dessa forma, ele não recusaria nunca o convite para ser o secretário da Educação da Erundina.

Ele efetuou mudanças importantes na Secretaria de Educação naquele então, e deixou marcas importantes e muito positivas. Algumas delas ainda fazem parte do processo de formação dos educadores, até hoje.

Quanto ao fato de como o meu pai poderia gostar de ser homenageado nos seus 100 anos, gostaria de parafrasear o Lutgardes, meu irmão. Identifico-me muito quando ele diz: "querem homenagear nosso pai, sejam vocês mesmos, criem sua própria filosofia, sua própria metodologia ancorada nas ideias de Paulo Freire, mas que seja na sua visão, no seu desejo, no seu sonho".

Para nós, enquanto família, é uma alegria e uma honra muito grande, a satisfação é imensa. É uma ironia da vida, pois foi só depois de morto que ele teve um reconhecimento nacional, porque o reconhecimento internacional sempre existiu.

Fico sempre impressionada com como o Brasil trata mal os seus intelectuais, os seus filósofos, os seus artistas. Fiquei surpresa que em quase todos os estados do Brasil fomos surpreendidos com o reconhecimento do seu nome e da sua importância na área de educação, e com o festejar do seu Centenário. No exterior o impacto foi muito grande, onde poderia ter sido menor, certo? São inúmeros convites, propostas de eventos interessantes, o que inevitavelmente tem sobrecarregado minha agenda. Contudo, ao longo de todo este movimento, tenho conhecido gente bem interessante, como vocês do Café com Paulo Freire.

Sempre acreditei, por exemplo, que nós sabemos mais de nós mesmos pelo viés do outro do que pelo nosso próprio.

Digo isso porque, ao longo desse ano de comemoração do Centenário do meu pai, estou a ter a possibilidade enquanto uma das filhas dele de saber muito mais sobre ele e dele do que eu já sabia, ou imaginava que sabia.

É um grande privilégio descobrir, por meio dos mais diversos depoimentos de pessoas das mais diversas regiões do país, que ocupam os mais diferentes lugares nos locais onde trabalham, as marcas e a importância que o meu pai teve e tem na vida delas.

A constatação mais marcante para mim é a de perceber e confirmar o quanto o seu pensamento e a sua filosofia de educação continuam atuais, vivos, e sobretudo o quanto a grande maioria dos conceitos que os constituem são fundamentais para a compreensão da educação hoje no Brasil.

Reflexões sobre quando educamos e somos educados numa filosofia emancipadora de educação

Sempre gostei de desafiar os professores/educadores para refletirem por meio de binômios. Essa foi uma descoberta realizada há alguns anos, quando me perguntava constantemente como desafiá-los, para que se sentissem motivados a aprenderem a pensar de uma outra forma que não a forma do pensamento linear.

Pensamento linear aqui entendido como aquele tipo de pensamento que não consegue realizar relações, apresentando-se, portanto, de forma sempre constante e regular.

O primeiro binômio que vem ao meu corpo neste momento no qual estou a escrever é o binômio "fala e escuta."

Todos nós educadores que estamos familiarizados com uma prática pedagógica que visa ao processo formativo do professor, sendo pensado, possibilitado e vivido como um desafio de apropriação do seu quefazer pedagógico, sabemos da importância de trabalharmos a sua fala e a sua escuta.

Costumo sempre dizer que existe, no processo de formação de um educador democrático, a presença de algumas "irmãs gêmeas", que andam já sejam ou de braços dados, ou de mãos dadas, uma com a outra.

Uma delas é essa que acabei de assinalar, e uma outra, tão importante quanto ela, são as irmãs gêmeas "teoria e prática".

A importância da apropriação de fala do educador é relevante, já que sua fala é sem sombra de dúvida um dos instrumentos pedagógicos mais potentes que ele possui. Isso porque tem a ver com o seu discurso.

Todos nós sabemos que discursos estruturam nossos corpos, já que eles são marcados por palavras e gestos daqueles que nos educam.

A apropriação da sua fala pelo educador é importante porque quem tem fala própria pode criar palavras, e quem pode criar palavras pode criar encantamentos com as suas palavras.

O outro instrumento metodológico importante que o educador possui é seu próprio corpo. Interessante aqui é notar que ambos, tanto a fala oral quanto a fala corpórea, têm, por sua vez, a ver com a forma como cada pessoa está estruturada, marcada pelas primeiras falas que seu corpo escutou, e pelos primeiros gestos, movimentos que envolveram, que tocaram seu corpo. É dessa forma que pode ser interessante, para aquele professor que habita o chão da sala de aula, permanecer sensível, atento à anunciação do seu discurso, tanto oral quanto corpóreo. Confesso que às vezes podemos ser surpreendidos com uma discordância de discursos. Ou seja, são aquelas situações em que somos pegos dizendo uma coisa e sentindo outra. E, como o nosso corpo fala... basta um bom leitor, como a maioria das crianças o são, para sentirem a nossa incoerência.

Muitas vezes me pergunto se o não falar, hoje, do nosso lugar de adulta, pode ter a ver com o simples fato de não termos sido escutadas quando éramos crianças.

Ou ainda: como aprendemos a falar?

Será que o nosso corpo, no aprendizado de fala, foi banhado, lavado nas águas da escuta, ou nas águas não molhadas do silêncio?

Se o foi, talvez por essa razão é que permaneço, ainda hoje, no silêncio da minha voz, que foi silenciada quando ainda era uma criança?

Será que um corpo falante em excesso poderá ter sido um corpo que não foi escutado quando precisaria ter sido?

Será que um corpo falante em excesso poderá ter sido um corpo que, por não ter sido escutado, não teve lugar para falar?

E então, ao devir adulto, precisa falar todo o tempo para recuperar, nem que seja simbolicamente, o seu tempo/direito perdido de fala?

Será que um corpo de fala excessiva não poderia estar a querer dizer que tem uma dificuldade com o ato de escutar?

E, por conseguinte, talvez com o ato de permanecer em silêncio?

Às vezes o ato de permanecer em silêncio pode gerar uma certa apreensão em nós, pela possibilidade de escutar o que se encontra silenciado dentro de nós?

Contudo, também não podemos perder de vista que temos aqueles professores que não falam muito, e só escutam. Ou queremos acreditar que estão a escutar.

Quando me encontro com corpos que são mais "escutantes" do que "falantes", fico curiosa para saber sua história de vida, sobretudo como foi a sua infância.

Digo isso porque posso ter uma postura "escutante", por não terem me permitido falar, ou posso ter desenvolvido uma postura "escutante" justamente por ter conseguido, ao longo do meu percurso de vida, desenvolver um processo de intimidade comigo mesma.

Intimidade que me possibilita primeiro me escutar, para em seguida poder ser capaz de escutar o outro.

Chamo a atenção para não confundirmos o que pode ser uma postura de escuta do outro com uma postura de estar em silêncio enquanto o outro está a falar. Já que posso estar em silêncio e não estar a escutar o outro. É curioso descobrir que o aprendizado da leitura

UMA VIDA MARCADA PELA EDUCAÇÃO

do corpo nos auxilia no aprendizado do ato da escuta. Como o corpo fala, ele está constantemente a nos dizer coisas que na maioria das vezes não estamos a escutar. Não escutamos porque geralmente somos educados para escutar exclusivamente o que está sendo falado, e não o que realmente está sendo dito. Existe uma diferença entre o falar e o dizer que, se não estivermos atentos, tanto o processo de escuta quanto o da devolução do que foi escutado podem ser prejudicados.

A escuta enquanto postura pedagógica transformadora é entendida como aprendizado de conhecer o outro, para poder com ele criar uma certa intimidade. A intenção de estimular o aprendizado da escuta, em uma concepção de educação para a vida, nunca será para termos corpos mais dóceis e obedientes no processo de aprender a ser gente e dono de si.

O aprendizado do ato de falar passa forçosamente pela forma como fui falada quando ainda não era falante.

Sempre postulei que no ato de educar, tanto o educador quanto o educando, ao longo da construção da relação pedagógica, constroem sua relação educacional à medida que ocupam seus lugares nela.

A importância da construção dos lugares, em toda e qualquer relação, se faz necessária para que os sujeitos possam se diferenciar entre si.

O educador pode ocupar um lugar de referência para o educando, e este por sua vez pode ocupar o lugar de seguidor do modelo ou de ser inventor do modelo.

Acredito que só aquele educador que possui o corpo encharcado de amorosidade pode propor pedagogicamente ser um tipo de modelo para ser re-inventado, e não seguido.

Porque re-inventar o outro é re-inventar a si mesmo... Acredito que por essa razão é que alguns de nós, enquanto educadores, precisamos ou preferimos continuar a ser seguidores dos modelos pelos quais fomos educados e não ousamos ser inventores de nós mesmos.

Inventar/re-criar exige coragem e ousadia. Porque requer correr riscos. Risco sobretudo de errar no processo da re-invenção. É por isso que os atos de amar e educar são atos conectivos, conjuntivos e sobretudo re-inventivos, porque são revolucionários ao proporem não só mudanças, mas especialmente transformações.

A existência do modelo de referência, na minha forma de pensar, existe justamente para ser primeiro seguido, para poder então ser re-inventado e superado.

Não posso re-inventar ou superar o educador que está a ocupar o lugar de modelo/referencial, no meu processo de formação, se não me autorizo primeiro a fazer como ele faz, para poder aprender, e assim poder desejar fazer diferente da sua forma de fazer.

Não aprendemos sem imitar... re-aprendemos no ato de re-invenção e de re-apropriação daquilo que imitamos quando ainda estávamos a aprender com a ajuda do outro.

É na e durante a vivência do processo de imitar aquele que está tendo a coragem de ocupar um lugar de modelo/referência para o educando que ele encontra a sua forma de saber fazer. É por essa razão que acredito que é importante o educando vivenciar um mo-mento de imitação do modelo enquanto ainda não tem elaborada a sua própria forma de fazer, de atuar. Contudo, acredito também que é nesse momento que localizamos o tipo de coordenador formador, já que existem coordenadores que não aceitam que o professor ultra-passe esse momento de processo de imitação. Existem coordenadores que têm como objetivo formativo justamente o de manter o professor nesse momento do seu processo formativo. Ou seja, não concebem o processo de imitação como um momento do processo formativo, mas como seu objetivo final.

Não acredito que o professor imite o modelo na sua presença. Ele se experiencia ao imitá-lo justamente na sua ausência. Daí que seja fundamental que o coordenador exercite a sua forma de estar presente/ausente no processo de formação do educador.

O que quero dizer com isso é que devemos estar presentes o suficiente para que o educador escolha quais dos aspectos da nossa forma de estar presente ele deseja imitar na nossa ausência. E estarmos ausentes o tempo suficiente para que ele não se sinta abandonado no seu caminhar.

Na minha forma de pensar, sempre acreditei que aprendemos com diferentes partes do nosso corpo.

Como estou a aprender?

Com qual parte do meu corpo?

Só com o meu coração?

Só com a minha cabeça?

Será que não consigo entrelaçar as duas formas de aprender para que assim meu corpo/coração e meu corpo/cabeça se constituam em um só corpo quando está a aprender?

Foi na busca de realizar esse desejo de aprender de forma não dicotômica, ora com a cabeça, ora com o coração, que comecei a brincar comigo mesma da seguinte forma:

Quando constato que estou a aprender só com o coração, envio o aprendido para a minha cabeça, para que ela o embale com a razão.

Da mesma forma, quando constato que estou a aprender só com a cabeça, envio o aprendido para o coração para que ele o embale na emoção.

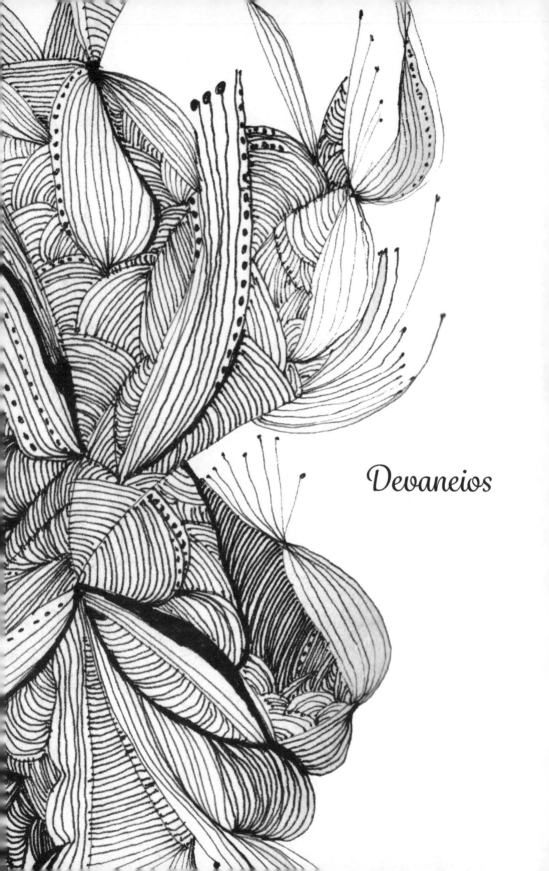

Devaneios

Reflexões de quem ainda ousa brincar

Estes são os devaneios de quem ainda ousa brincar, mesmo já com uma certa idade, tendo a coragem e a honestidade de nominar/denominar suas inseguranças, medos, sonhos, desejos, tristezas e alegrias, como só as crianças são capazes e têm a coragem de fazer.

Na verdade, acredito que a escrita dos devaneios possa estar relacionada com a necessidade de significar o imenso sentimento de falta e de desamparo que me habita e que ao mesmo tempo me constitui — talvez não só a mim, mas também a todos nós?

A força do sentir e, ao mesmo tempo, a força de conseguir existir nos momentos de intensa solidão fazem com que o nosso corpo se aproprie de uma força que, na maioria das vezes, não acreditamos que ele possua.

Contudo, algumas vezes a sensação de vazio deixada, vivida, experienciada em certas situações das nossas vidas é extremamente difícil de ser ressignificada.

É por essa razão que, às vezes, ficamos talvez sem saber qual a intensidade da necessidade de não mais pensarmos no vivido, no que continua a nos fazer falta.

Em alguns momentos, é como se tudo o que tivesse sido vivido já tivesse sido esquecido, tivesse desaparecido, levando consigo as marcas que nos marcaram.

E, mesmo assim, basta um suave odor associado ao já sentido, já vivido, já experienciado, para que todos os sentimentos voltem de forma avassaladora e derrubem com toda facilidade as frágeis proteções que foram construídas por nós, com tanta dor e dificuldade.

Eu ousaria perguntar, sem muito pudor, se vocês simbolicamente já vagaram pelas e nas madrugadas frias movidos pela busca de vocês mesmos.

Se eu disser que há algum tempo não faço mais isso é, contudo, não totalmente verdade, porque às vezes sinto como se ainda vagasse, já que sinto intensamente a falta de quem eu fui, e não sei muito bem quem estou ainda possivelmente querendo ser.

Acredito que seguramente vocês já tiveram dias em que imaginaram que não seriam capazes de ressignificarem todas as marcas deixadas nos seus corpos. Digo isso como se tivesse esquecido da nossa capacidade de ressignificarmos as marcas que os outros deixam nos nossos corpos!

Às vezes, realmente acredito que, por mais que possamos nos esforçar, não conseguimos deixar de sermos pegos pelos fios que cada vez mais configuram, com maior precisão, os possíveis bordados, os traçados, os alinhavos que representam os diversos e diferentes momentos das nossas diferentes e várias vidas já vividas.

Bordados, traçados e alinhavos que, o mais que provável, trazem consigo os cheiros, odores, cores e fragrâncias da nossa infância, da nossa adolescência e possivelmente também das nossas vidas de mulheres e homens já adultos.

Já passei por momentos na minha vida em que cheguei a perder minha alegria de viver. Percorri um longo caminho para conquistá-la de volta...

Foi necessário um grande esforço para continuar a manter o meu espanto e fascínio pela vida.

Nessa época, imaginava, então, brincando comigo mesma, que seguramente algum fantasma desconhecido tinha roubado o meu coração.

Eu lhe perguntava (obviamente sem, contudo, obter resposta alguma) por que ele insistia em permanecer com o meu coração. Por que não o embrulhava em um belo papel celofane (de preferência de cor vermelha, com um belo laço de fita) e o enviava de volta?

Mesmo assim, eu sempre soube, mesmo que intuitivamente, que ainda me vestiria novamente de alegria para então sair a rodopiar pelas ruas, a dançar a dor, a dançar a saudade, mesmo sem saber bem do que, ou de quem, e recuperaria o meu espanto e a minha alegria menina pela vida.

E foi o que aconteceu...

Os anos passam e ainda continuo com a mesma intensidade a busca pela compreensão de tudo o que foi ganho, como também de tudo o que foi perdido, justamente por não ter sido possível ser significado. É o ato de significar que nos permite, que nos possibilita o ressignificar.

É por essa razão que me pergunto sempre como podemos fazer para aplacar ou dar passagem aos sentimentos de falta, de ter pertencido a um vivido que já se foi e que, portanto, não mais existe e não mais nos pertence.

Quando esses sentimentos me atravessam o corpo, na maioria das vezes, eu busco forças recriando, reinventando o meu cotidiano com a mesma intensidade com que sinto a necessidade de permanecer viva, para não me deixar morrer tragada pela tristeza do já perdido, do já pertencido, justamente para não me deixar ser tragada pelos sentimentos de imobilidade e de tristeza gerados pela falta.

É nesses momentos que percebo com muita clareza que estou simplesmente a lidar com os sentimentos de perda, luto e vazio, que na maioria das vezes são tão presentes nas nossas vidas.

Percebo, então, o quanto é importante ter coragem de se deixar, de se permitir ser afetada por esses sentimentos, para que possamos encontrar um lugar para eles no nosso corpo, já que passaram a fazer parte de nós.

Como sempre, continuo tentando aprender cada vez mais a viver a minha busca pelo significado da minha vida.

Sempre me pergunto com quantas e quais pessoas devo realizar essa caminhada.

Até hoje nunca consegui me responder com precisão.

Acredito que sempre pode valer a pena buscarmos a clareza da necessidade da compreensão do que pode realmente significar reorganizar a nossa vida.

Como podemos fazer para que a nossa energia vital possa sempre circular e movimentar nosso corpo, nossas entranhas, nosso coração e nossa alma?

É nesses momentos que descubro o quanto pode ser importante mantermos uma constante busca do nosso desejo de encontrar formas que possam dar significados, que possam dar passagem aos nossos sentires, às nossas falas de mulheres ou homens, contidas e interditadas do e no nosso dizer.

Quero imaginar que a maioria de nós vive uma busca constante do desejo de construir algo que possa nos dar alegria e um sentimento de realização, mesmo que, na verdade, nem sempre saibamos muito bem o que queremos, nem o que buscamos... talvez a busca da simples descoberta de que o viver não pode nem deve ser unicamente a confirmação de que o dia simplesmente já acabou.

Eu gostaria de saber se algum de vocês que me estão a ler neste momento já se sentiram invadidos por um amor intenso pela vida, que não para de se debater.

Na verdade, é quase como se ele (o amor) estivesse a se perder em labirintos e encruzilhadas retardando, assim, o encontro marcado com sua própria morte.

Nessas horas, descubro o quanto na vida pode estar contido o sentimento de morte e, por sua vez, o quanto na morte está contido o sentimento de vida.

Quem sabe quantos de nós simplesmente já não saímos a andar pelas madrugadas, talvez buscando a diluição da nossa dor, da nossa paixão, na descoberta de não sermos aquilo que imaginávamos que éramos, ou o que o outro gostaria que fôssemos?

Nessas horas me pergunto então:

Por onde temos andado?

Por onde ainda teremos que andar para nos autorizarmos a nos apropriar do que realmente desejamos ser para nós mesmos e para os outros?

Costumo perceber em conversas com amigas, e alguns amigos, que elas(es) também sentem um algo que, tal como eu, não conseguem bem definir.

É como se fosse uma intensa alegria por termos conseguido o que tanto desejávamos, mas, ao mesmo tempo, um grande medo de perder o que tanto queríamos possuir.

Quantos de vocês seguramente já tiveram uma sensação estranha de poder, mesmo que tenha sido de forma ilusória, a sensação de ser donas(os) de si, do seu querer e das suas decisões?

Quantos de vocês seguramente já descobriram como estar vivos(as), e sobretudo permanecer vivos(as), às vezes é tão difícil e assustador?

Quantos de vocês seguramente já perceberam que brigar pelo seu desejo é desafiante, mas ao mesmo tempo apavorante, talvez pelo medo de não conseguir sustentá-lo?

Talvez até porque, nesses momentos, quando nossos desejos se efetivam, acontece a grande pergunta que nos agarra e nos ronda como se fosse um fantasma: e se tudo acontecer como eu realmente quero? Será que ainda continuarei a querer o que eu queria, o que eu desejava? Nessas horas, não dá para não lembrar de um dito popular que diz: "tenha cuidado com aquilo que você deseja, porque pode acontecer"...

Eu me pergunto se alguma(algum) de vocês já se sentiu habitada(o) por um amor profundo que a(o) embriagou, enviesou, atravessou e a(o) fez simplesmente se sentir viva(o).

Quando assim eu me sinto, e me pressinto, é porque todo o meu corpo está a anunciar que é hora de parar.

É hora de parar para poder dar passagem, dar forma a todas as vivências, cores, formas e texturas dos diferentes fios, dos diversos tecidos e panos que envolvem o meu corpo.

— É o anúncio da urgência, da necessidade de escrever para não me sufocar e não me imobilizar, e dessa forma poder dar leveza e movimento ao meu corpo.

— É o anúncio da urgência, da necessidade de desenhar com a textura dos tecidos, fios e panos com os quais também costumo escrever.

— É o anúncio da urgência, da necessidade de bordar com os fios de cores quentes e coloridas que me transportam para a minha infância.

Não sei se vocês também já se sentiram, alguma vez, cansados de tudo o que sentem, cansados de vocês mesmos, e sobretudo da própria solidão, e de uma tristeza sem cara e sem forma, totalmente diluída dentro e fora de vocês.

Pois bem, eu felizmente ou infelizmente (nunca consegui descobrir) já vivi essa experiência no meu corpo.

Confesso, com toda a sinceridade, que nunca soube muito bem o que fazer com ela, a não ser respeitá-la, não a ignorar e, se conseguir configurá-la, melhor ainda, pois as chances de ter por exemplo uma crise de gastrite ou outro sintoma qualquer diminuem.

Outro sentimento que às vezes nos atravessa, e que costuma nos tirar o sono, é o de não termos nenhuma certeza que nos faça sentir minimamente seguros no nosso viver, mesmo que saibamos que é inviável termos essa certeza e essa segurança, dada a imprevisibilidade e a efemeridade da vida.

Sentimos, em certas ocasiões, que não sabemos o que fazer conosco, e nos sentimos perdidos. O interessante é constatar que talvez, na maioria das vezes, nos sentimos dessa forma justo nas ocasiões em que usufruímos de tempo para nós mesmos — tempo para poder nos cuidar, para poder nos escutar e estar conosco mesmos.

Não sei se algum de vocês já teve a oportunidade de descobrir que, quando nos obrigamos a fazer coisas que já não são mais significativas ou importantes para nós, o sentido da nossa vida se esvai ladeira abaixo e, por mais que queiramos, não conseguimos agarrá-lo.

Nessas situações, o ideal a fazer, caso sejamos capazes, é pararmos simplesmente de nos obrigar a fazer o que não queremos fazer.

Acredito que dessa forma podemos nos sentir bem melhor, e o sentido da vida, por sua vez, pode parar de correr ladeira abaixo e ser agarrado.

Nós não deveríamos nos permitir ficar tão distantes de nós mesmos, pois talvez, quem sabe, poderemos terminar por nos avassalar diante da descoberta da imensidão do silêncio ensurdecedor... que pode existir dentro de nós sem que o saibamos.

Sempre fui uma eterna "buscadora" dos meus traços, meus movimentos e gestos que possam dizer de mim, que possam constituir a estrutura do meu corpo, o que chamo de meus fios vermelhos, meus fios encarnados.

Por isso é que às vezes imagino como se eu fosse constituída por vários fios soltos, pendurados, despendurados, esticados, tencionados, contorcidos, destorcidos e que todos juntos na sua complexidade criam a trama dos fios da estrutura do meu corpo.

Vocês já se perguntaram como pode ser importante, para qualquer um de nós, saber de quem são as asas que usamos para voar, sonhar e desejar?

Penso assim porque, no início do meu processo de me fazer gente, passei alguns anos da minha vida voando e sonhando com as asas do desejo do outro, acreditando que eram as minhas!

Foram necessários vários anos de trabalho comigo mesma para descobrir e me certificar de que era capaz de voar com as minhas próprias asas, para poder dessa forma sonhar os meus próprios sonhos e alçar os meus próprios voos.

É gozado, mas vocês já repararam como as cores costumam se fazer presentes em alguns momentos das nossas vidas?

Elas invadem e atravessam o nosso corpo, fazendo com que o amor pela vida, que tinha tirado férias, esteja rapidamente de volta a ele.

É sempre bom ter de volta a vida a nossos corpos para que possa assim reabitar, mais uma vez, o nosso coração e a nossa alma.

Porém, o mais importante é, sobretudo, que, quando a vida volta a habitar o nosso corpo, ela nos devolve a leveza do nosso olhar, a nossa forma de estar no mundo e o nosso sentir de criança.

Nunca me esqueço de que, quando enfartei pela primeira vez, há quase 12 anos, a dor chegou de forma avassaladora arrancando tudo o que podia encontrar na sua frente, todo e qualquer obstáculo que a impossibilitasse de chegar aonde ela queria realmente chegar, ou seja, no centro do meu coração, para dele tirar a vida que me habitava.

Não sei bem ao certo se foi sorte, privilégio, bênção, ou simplesmente por ainda não "ser a minha hora", que me mandaram de volta, mesmo que eu tenha vagado durante quatro horas numa imensidão de cores e luzes muito fortes, sem saber onde me encontrava.

Não saberia dizer onde estive, só sei dizer que estive em algum lugar que não era a sala onde eu me encontrava.

Minha vida mudou. Eu, mais uma vez, tive o privilégio de me transformar e perceber a vida e o mundo de uma outra forma.

Descobri, alguns anos atrás, ao longo do meu caminho de me fazer mulher adulta, que, quando o olhar do outro se esvai, quando já não mais ele nos atravessa, nos sentimos como que perdidos, como se algo nos faltasse.

Daí a confirmação de que somos estruturados pelo olhar do outro, e é por essa razão que ele nos faz falta quando não o percebemos pairar ou atravessar o nosso corpo.

No processo de nos estruturarmos enquanto pessoas, é fundamental não só a presença do olhar do outro como ser olhado por ele e poder não só devolver o seu olhar como também sustentá-lo. Tanto o ato de ser olhado pelo outro como o de olhar são importantes estruturadores da construção da nossa forma de ser como somos.

Não sei se vocês já tiveram a possibilidade de descobrir a importância da dimensão que o cotidiano pode ter nas nossas vidas, dependendo do momento de vida que estejamos a viver — importância sobretudo enquanto fator que estrutura e organiza o nosso dia a dia.

É muito importante nós desenvolvermos a nossa capacidade de reinventar o nosso cotidiano em situações de mudanças ou de transformações de forma de viver.

Podemos realmente ser obrigados, em algumas situações da nossa vida, a configurar uma nova forma de ser e de nos fazer presentes no nosso cotidiano, organizando de uma outra maneira nossos movimentos e o nosso corpo, tanto espacialmente como temporalmente, para assim ocuparmos lugares diferentes dos que ocupávamos.

Mesmo que no início possamos nos sentir perdidos, é importante que possamos criar um lugar de *ocupância* para nosso corpo na nova configuração de estar no e com o mundo.

Outra curiosidade que tenho é a de saber se vocês já conseguiram a proeza de fugir do que vocês sabiam que já sabiam.

Acredito que fugimos de alguns conteúdos que sabemos, que já conhecemos, com a esperança de poder nos enganar.

Na maioria das vezes, talvez não ousemos desvelar o que pode estar oculto, justamente por termos medo de não possuir a coragem de enfrentar e sustentar o já sabido, o já conhecido.

Digo isso porque acredito que sempre sabemos aquilo que não queremos saber. É justamente por saber que sabemos o que não queremos saber que, na grande maioria das vezes, precisamos saber.

Nós não queremos saber porque esse conteúdo pode gerar muito sofrimento. Assim, preferimos evitar entrar em contato com ele. Contudo, o que às vezes esquecemos é que o nosso corpo sempre sabe o que nós gostaríamos que ele não soubesse.

Como educadora, sempre acreditei que o corpo fala e ele, infelizmente ou felizmente, nunca mente. Acredito que cada corpo carrega consigo a sua verdade. Por essa razão, dou importância ao aprendizado do exercício da leitura dos corpos daqueles a quem educo e por quem sou educada.

Não sei se por acaso vocês já tiveram que educar, integrar e ressignificar a dor e a imensidão do vazio de algumas perdas que tiveram que enfrentar nas suas vidas.

Eu já sofri essa experiência e necessitei de muito tempo para poder integrar a dor, o vazio e o sofrimento para poder me permitir viver o luto das minhas perdas.

Descobri que, por ter me permitido viver essa experiência, o meu corpo foi vestido com uma leveza, uma tranquilidade e uma generosidade que só os corpos que já sofreram um grande amor são capazes de serem vestidos. Quando somos capazes de aceitar as nossas perdas e viver os nossos lutos, nossa capacidade de compreensão do sofrimento humano se enriquece, possibilitando-nos assim estar presentes com o outro no seu sofrimento.

Ao longo de todos estes anos do meu caminhar pela estrada da educação, fui constantemente desafiada a nunca deixar de educar e reeducar a minha emoção, dada a quantidade diversificada das vivências das situações de escuta, como também o fato de ter participado de inúmeras histórias de vida de vários educadores.

Terminei sendo pega por uma curiosidade de querer saber de onde poderia vir esta capacidade não só de me emocionar, de me comover, como também a de me pôr no lugar do outro, que a maioria de nós, mulheres educadoras, possuímos com tanta intensidade.

Descobri que talvez essa nossa capacidade possa ser oriunda das profundezas e da escuridão que só existem nos ventres de nós mulheres — ventres que talvez, na sua grande maioria, já não sejam capazes de gerar seres humanos, porém ainda são intensamente geradores de Vida.

Vocês já tiveram a felicidade de descobrir o quanto o ato de escrever é libertador?

Ele tem o poder de libertar as palavras que se encontram emaranhadas nos nossos corpos, mais especificamente nas nossas gargantas e mãos, que gritam pedindo passagem para serem configuradas e dessa forma permitirem que o nosso corpo respire.

Vocês já sentiram uma vontade intensa de deixar o choro vir das profundezas do coração, ou da alma, e permitir que ele invada todas as partes do nosso corpo, para que assim possamos nos sentir reconfortados?

Faço essa pergunta porque imagino que às vezes conseguimos conter, no nosso corpo, um choro que talvez, há muito, tenha sido querido ser chorado e nós o tenhamos interditado. E isso machuca nosso corpo, isso dói, e nos faz mal.

Acredito que, pelo simples fato de estarmos vivos e de nos sabermos vivos, podemos ser visitados pela solidão.

Ela pode se configurar e se desconfigurar assumindo formas diferentes a cada momento, apropriando-se às vezes da nossa alma, outras vezes do nosso coração ou da nossa mente.

Sempre imaginei que o maior desafio a ser vivido, quando isso nos acontece, é o de termos coragem de viver o exercício de aprender a transformar esse sentimento de solidão em um sentimento positivo.

O que quero dizer é que, ao perdermos o medo de nos sentir sozinhos, podemos ter a agradável surpresa de sermos apresentados a nós mesmos e, melhor ainda, de passarmos a gostar da nossa companhia.

Descobri que a experiência de poder suportar estar presente consigo próprio pode gerar uma outra descoberta: a de que, mesmo quando você está sozinho, você não se encontra só. Estamos e somos sempre habitados por tudo o que nos povoa, sejam pessoas, lugares ou até países.

Dessa forma, transformamos a solidão no que eu chamo de solitude, ou seja, a solidão produtiva e criativa.

A solitude, para mim, é ser capaz de estar tranquila comigo, gostar da minha própria companhia. É, portanto, não me sentir sozinha.

Isso acontece quando estamos, e somos, habitados por nós mesmos.

Confesso que, por mais difícil que seja a experiência, vale a pena tentar viver o desafio de se habitar.

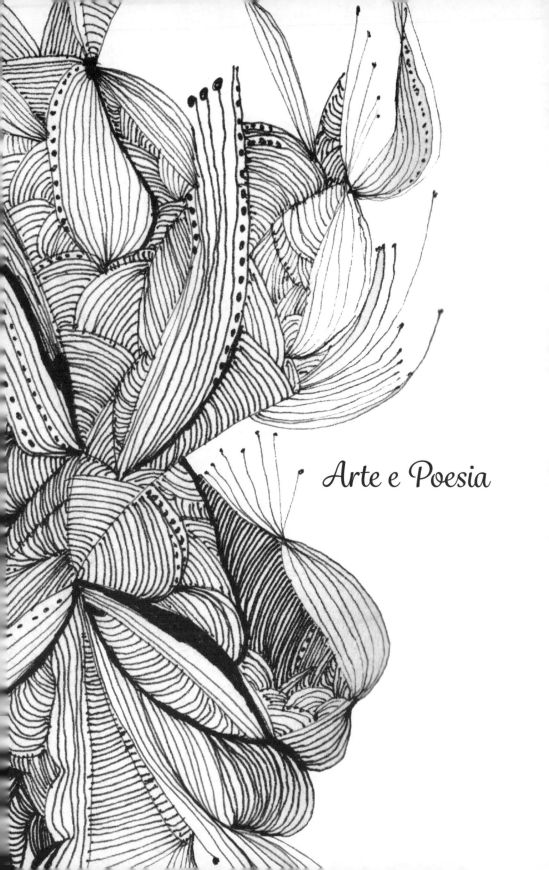
Arte e Poesia

Centenário do meu Pai

Vestida da alegria da sua presença
e embrulhada com a tristeza da sua ausência física
fui às águas salgadas do mar
me banhar.

E nelas, à medida que me deixava levar,
pouco a pouco
me acalentaram e me levaram de volta
às suas canções de ninar
com as quais você costumava me acalantar.

A volta

Voltei para buscar o que imaginei ter deixado cair,
Voltei na doce ilusão de imaginar
Que encontraria o que por descuido deixei cair

O que caiu?
A certeza da não volta?
A certeza da não permanência?
A certeza do não pertencer?

O que ficou?
Ficou a doce ilusão
de algum dia poder voltar

Ficou a doce ilusão
de algum dia poder permanecer

Ficou a doce ilusão
de algum dia poder pertencer

Ficou o desejo de que a ilusão iluda a certeza

E de que eu possa ter de volta
o que por descuido deixei cair...

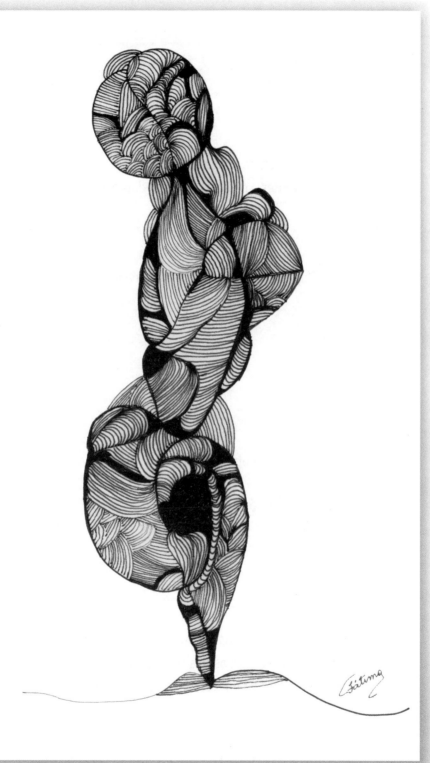

Fios

Enredo-me por inteira
nos diferentes e diversos fios que dão textura
a este pulsar
corpo/vida/desejo,

Fios que pedem passagem buscando
Forma,
Densidade,
Textura,
Tecido,
Texto,

E eu...
Pobre de mim...

Me perco na imensidão
do medo da possibilidade de ser,

Este ser
Um ser de fios...

Que se enrola e des-enrola na verticalidade e horizontalidade,
Com os meus fios e com os fios dos outros, na tentativa
de tecer o tecido da boniteza do ser que vive e deseja!

Força

Força que vem do mais profundo do meu ser.
Que rompe, irrompe,
Que se atrela, desatrela,
Que se atropela e se desatropela,

Na emergência da necessidade de pedir passagem para
poder configurar a vida.

Torções, distorções que se torcem, retorcem, se
contorcem e finalmente se distorcem na tentativa da
compreensão tardia da necessidade de recuperar os anos
da vida já perdida.

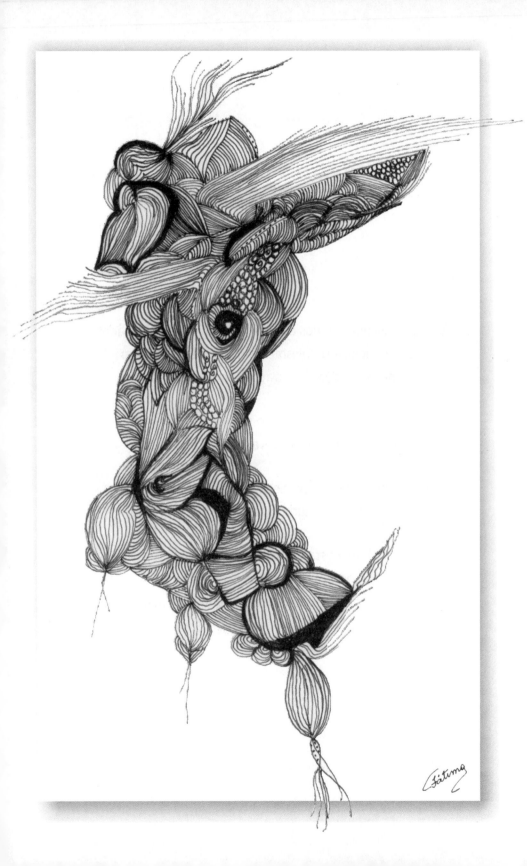

Águas

As águas invadiram todos os espaços possíveis e imaginários.
Os sentimentos simplesmente ficaram todos a boiar
na imensidão do estrago feito no coração.

Nenhuma configuração era mais possível,
diante da imensidão devastadora das águas.

A única forma de sobrevivência que ela poderia ter era se
esvair na turbulência das águas.

E foi desta forma que, para poder
sobreviver, ela se transformou
em mulher das águas doces salgadas do mar.

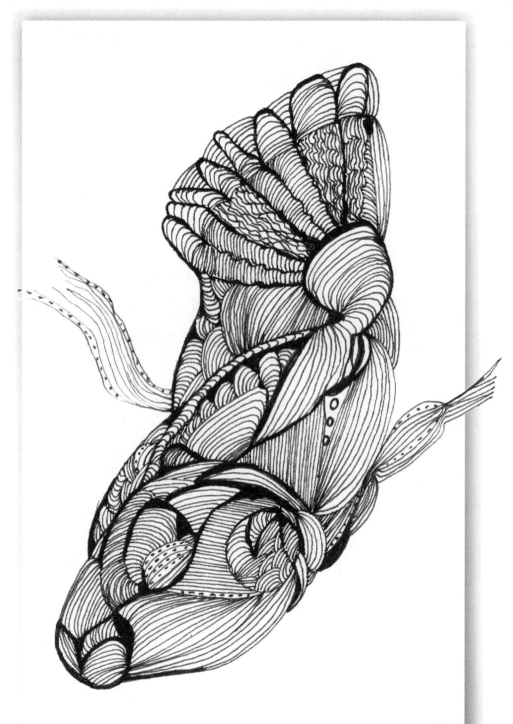

As águas salgadas do mar

Nas doces águas salgadas do mar eu me banho.

Como se
Suas ondas fossem braços.

Seus sargaços fossem cabelos,

Sua imensidão fosse corpo,

Seu barulho fosse voz.

Choro

Confesso que já não sei mais o que choram minhas lágrimas.

Minha própria perdição?

Minha própria tristeza?

Minha própria solidão?

Meu próprio vazio?

Meu medo de não conseguir esquecer o que vivi?

Sinto uma tristeza fria que perpassa toda a geografia do meu corpo, como se fosse uma faca amolada.

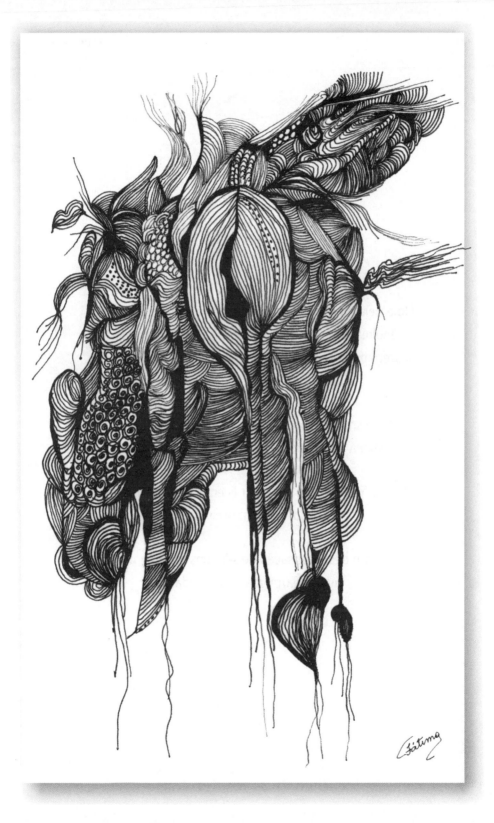

Vida

Hoje pela manhã, quando me lancei no mar e me senti
acolhida e aconchegada nas suas águas como se
fossem braços, descobri que minha dívida de gratidão
à vida aumenta a cada dia que passa.

Ao mesmo tempo, a vida chega de mansinho e se
aninha no meu corpo como se fosse sua casa.

Entra, fica, sai sem me pedir licença e sem dar aviso
prévio, mas sempre volta.

Gosto desta sensação de ser constantemente
habitada/povoada pela vida.

Paixão

Sinto saudades do meu desejo guardado no fundo da gaveta
Já que muda me encontro sem saber o que posso fazer ou
dizer a mim mesma,
Diante do espanto da descoberta da intensidade do meu
sentir.

Vago simplesmente pelas ruas nas madrugadas sem saber ao
certo para onde posso ou devo ir.
Na minha covardia o que mais desejo é arrancar do meu corpo
O que já não me pertence.

Acordo no meio da noite com o coração a sangrar.
Pelas palavras não ditas,
Pelos desejos não revelados, não vividos e não sustentados,
Pelos amores contidos,
Pelos beijos perdidos,
Pela tristeza do vazio não preenchido.

Por onde

Há muito não sei mais de mim
Há muito não sei mais de ti
Por onde andas tu?
Por onde me escondo eu?

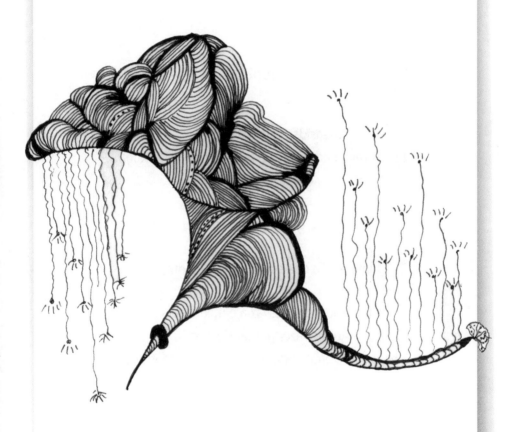

Imensidão

Imensidão que me devora,
E faz de mim nada mais do que eu mesma, perdida
dentro de mim.

Imensidão que esvazia meu corpo,

Imensidão que esvazia o meu sentir,

Imensidão que esvazia o meu olhar,
Ao me fazer perder de vista
A linha do horizonte onde seguramente encontraria o
olhar do outro.

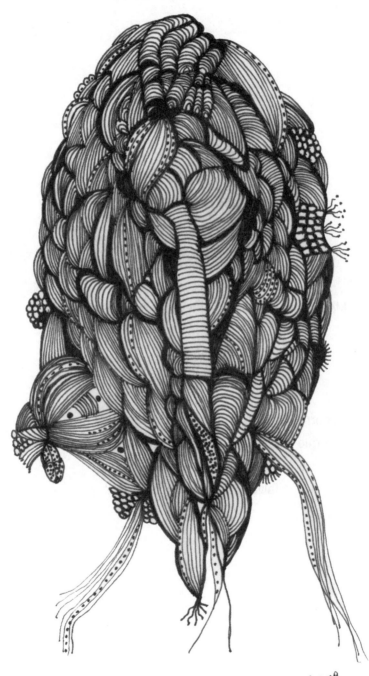

Mar Corpo

Deixei meu corpo ser levado pela correnteza das
salgadas/doces águas do mar.
Me permiti me deixar ser levada sem eira nem beira.

À procura do quê?
Confesso que não saberia dizer.

A correnteza me trouxe de volta para mim mesma.
Para que possa seguir na eterna busca do meu desejo
intenso de estar viva.
Talvez até para poder morrer?

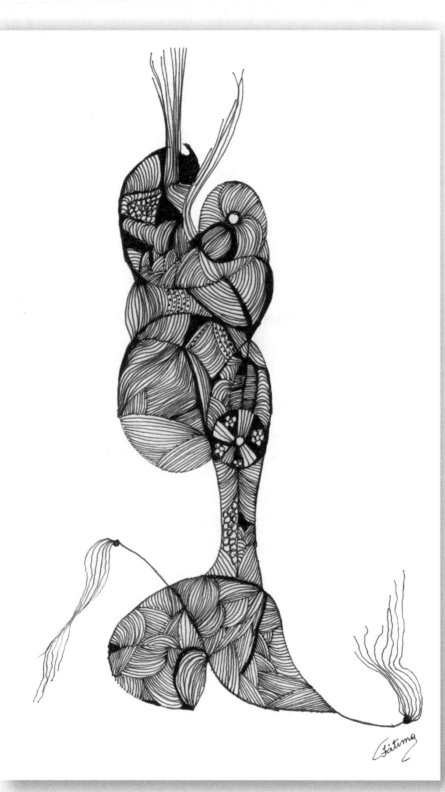

Falta

Falta constante do convívio,
Do olhar,
Do poder estar com e entre as pessoas.

O que fazer para sobreviver?
O que fazer para não perder a alegria de viver?
O que fazer para suportar a ausência do outro?

Corpo doído,
Corpo sofrido,
Corpo sozinho,
Tristeza.

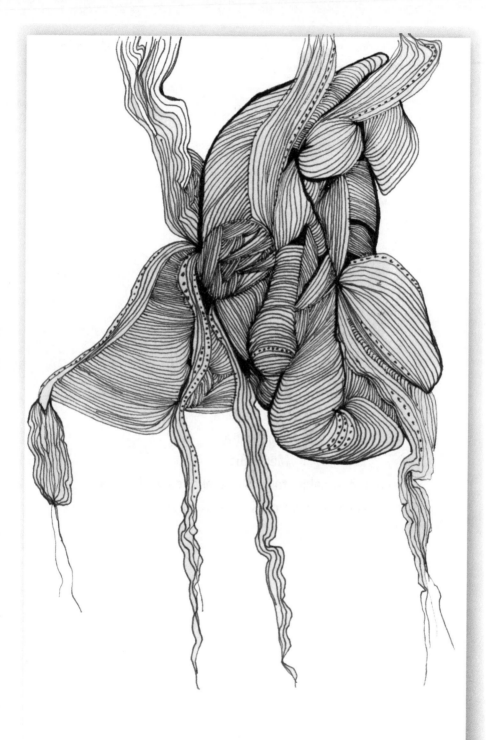

Olhar do outro

Não me deixe,
Não me permita,
Me interdite,
Me proíba
De percorrer os labirintos dos caminhos da minha vida
Sem a presença constante do seu olhar.

Sigo...

Sigo me perguntado de onde vem tanta vida e tanta energia
para seguir viva

Qual a forma de meu coração acalmar

A vida pode ser algo de um constante pulsar que nos envolve
e não deixa que fiquemos soltas no ar

Sigo me buscando no meio da escuridão

Às vezes localizo um feixe de luz onde me agarro e viajo
feliz com o cheiro da noite

Professores

Somos estamos professores,
Somos estamos seres de coragem e ousadia,
Somos estamos com todos, com o outro, pelo outro e apesar
do outro.
Somos estamos a ocupar o nosso lugar de ser referência
para nossos alunos.
Somos estamos sempre marcando os corpos daqueles a quem
educamos.
Somos estamos presentes no chão da sala de aula.
Somos estamos com e no mundo, como seres amorosos,
críticos, pensantes e desejantes.
Somos estamos na busca de sempre sermos mais e melhores,
e na coragem de nunca deixarmos de ser.
Somos estamos sempre vestidos da nossa alegria infantil.
Somos estamos impregnados de vida, porque somos capazes
de amar e de educar.
Somos estamos educadores, porque educamos tanto as
nossas dores quanto as dos nossos alunos.
Somos estamos professores.